# TABLETTES D'UMBRANO

SYMBOLES ET LÉGENDES

RECUEILLIS ET PUBLIÉS PAR UN AMI

1868

# AUGUSTE BARBIER

DE L'ACADÉMIE FRANÇAISE

---

## TABLETTES

# D'UMBRANO

SUIVIES

DE

## PROMENADES AU LOUVRE

PARIS

E. DENTU, ÉDITEUR

LIBRAIRE DE LA SOCIÉTÉ DES GENS DE LETTRES

PALAIS-ROYAL, 15-17-19, GALERIE D'ORLÉANS

1884

Droits de traduction et de reproduction réservés.

ŒUVRES POSTHUMES
DE
AUGUSTE BARBIER
MEMBRE DE L'ACADÉMIE FRANÇAISE
revues et mises en ordre
PAR MM. AUGUSTE LACAUSSADE ET ÉDOUARD GRENIER
Exécuteurs testamentaires littéraires.

# TABLETTES D'UMBRANO

## PROMENADES AU LOUVRE

## LIBRAIRIE E. DENTU, ÉDITEUR

### DU MÊME AUTEUR

#### PROSE

HISTOIRES DE VOYAGES, 1 vol. illustré. . . . . . . . . . 3 50
CONTES DU SOIR, 1 vol. . . . . . . . . . . . . . . . . . 3 »
TROIS PASSIONS, 1 vol . . . . . . . . . . . . . . . . . . 3 50
SOUVENIRS PERSONNELS . . . . . . . . . . . . . . . . 3 50

#### POÉSIE.

IAMBES ET POÈMES, 1 vol . . . . . . . . . . . . . . . . 3 50
SATIRES ET CHANTS, 1 vol . . . . . . . . . . . . . . . 3 50
SILVES ET RIMES LÉGÈRES, 1 vol . . . . . . . . . . . 3 50
ÉTUDES DRAMATIQUES, 1 vol . . . . . . . . . . . . . 3 10
CHEZ LES POÈTES, 1 vol . . . . . . . . . . . . . . . . . 3 50

Paris. — Soc. d'impr. PAUL DUPONT, 41, rue J.-J.-Rousseau (Cl.) 60.1.81.

# PRÉFACE

Un de mes amis, parti, deux ans avant la guerre, pour une des villes du haut Canada, me remit avant de s'éloigner plusieurs manuscrits avec la faculté d'en user comme il me plairait; au nombre des écrits laissés dans mes mains se trouvaient des fragments d'histoire moderne, une dissertation sur le beau et un recueil de divers morceaux de prose intitulé *Tablettes d'Umbrano*. Umbrano, personnage attristé d'une églogue du Camoëns, prêtait son nom à mon ami pour exposer au grand jour de la publicité les effusions de son âme discrète. C'est ce dernier ouvrage que je prends la liberté d'offrir au monde littéraire, comme le plus complet et le moins défectueux. Les pièces qu'il renferme sont de petits drames historiques, des symboles philosophiques et moraux, à travers lesquels se dessine la personnalité de l'auteur, sous forme d'élans lyriques et élégiaques. Bien que doué d'une certaine puissance poétique, mais ne voulant pas aller jusqu'au mètre et à la rime, Umbrano s'est contenté d'un langage moins rythmé que le vers, mais plus serré et plus coloré que la prose. Plusieurs exemples de ce genre de composition ont été déjà donnés dans la littérature française; entre autres, on peut citer de nos jours les contes de Louis Bertrand de Dijon, et les trop rares et charmants apologues que M. de Lamennais a publiés à la suite de ses grands ouvrages de polémique. J'ignore l'accueil que le public pourra faire à ce petit livre. Je reconnais qu'il laisse beaucoup à désirer sous le rapport du style et de la forme un peu hybride. Cependant le fond respire un ferme désir du bien, un vif amour de la justice et de la liberté. Il s'y trouve aussi assez de douceur vraie et sentie pour faire comprendre la passion de quelques-unes des idées de l'auteur, et lui faire pardonner les imperfections de son œuvre.

A. B.

## LES PREMIÈRES ÉTAPES.

En partant, comme tout est beau !

Le ciel est pur, l'horizon sans nuages ; les fleuves limpides coulent doucement à travers de riches cultures ; les arbres d'un vert tendre balancent harmonieusement leurs cimes dans les airs et la terre couverte de fleurs exhale sous la fraîche haleine du zéphir mille odeurs balsamiques.

Le voyageur lui-même est jeune, droit et élancé : il a les rougeurs du printemps sur la joue, le front haut, l'œil vif et sûr, le jarret souple et le pied ferme. Dans sa large poitrine les poumons jouent à l'aise et le cœur bat rapidement : tout en lui remplit bien son rôle vital.

Il ignore le fond des choses et ne sait rien ou presque rien de l'histoire des hommes ; ce qu'ils sont, ce qu'ils ont été, peu lui importe ! Ce qu'il voit, ce qu'il admire et ce qu'il comprend, c'est le présent dans toute sa naïve et vivante activité.

Partout où il passe il ne trouve que des fronts qui s'inclinent honnêtement, il n'entend que des bouches qui lui souhaitent un heureux voyage. S'arrête-t-il quelque part, ce ne sont que braves cœurs qui s'empressent de lui offrir leurs services, que vaillantes mains qui serrent franchement les siennes et que gracieux visages de jeunes filles qui lui sourient et semblent vouloir le retenir.

Mais l'ardeur d'aller plus loin, le désir de voir du nouveau l'emportent, et il poursuit sa course, et en marchant il retrouve les mêmes riants tableaux, les mêmes aimables visages, les mêmes bons mouvements.

C'est un charme, un plaisir, un enivrement. Il se sent heureux de vivre et il irait ainsi, joyeux, sans méfiance, sans souci de l'avenir, jusques au bout du monde.

En partant, comme tout est beau !

## LES PLAINTES DE VALMIKI.

Dans une des belles vallées de l'Inde qu'arrose le Tamasa, sous un ciel pur et à l'ombre de grands arbres odoriférants erraient deux jeunes amoureux. Ravis de se trouver seuls au milieu de cette charmante et fraiche nature, ils vinrent s'asseoir au bord de la rivière qui y promenait ses eaux limpides, et là, sur le gazon fleuri, la main dans la main, ils ne cessaient de se regarder et se disaient des choses plus douces que le rossignol n'en conte aux roses de Kashmir. L'ivresse débordait du cœur de ces tendres enfants, et dans le monde tout souriait, tout parlait à leur âme, le ciel, les eaux, les oiseaux et les fleurs. Tout à coup, du bois voisin s'élance un homme à la lèvre pâle et à l'œil farouche. En trois bonds il est sur le couple et, plongeant son poignard dans le cœur du jeune amant, il l'étend tout sanglant aux pieds de sa bien-aimée, puis il s'éloigne laissant la malheureuse en proie au désespoir, poussant des cris lamentables et se roulant sur le corps de son époux inanimé.

Le sage Valmiki, non loin de là, méditait avec son disciple au fond de sa cellule d'anachorète. Il avait été témoin du calme heureux des deux jeunes gens, puis il avait vu la tempête de sang qui était venue fondre sur leurs têtes et qui avait détruit si soudainement la vie de l'un et le bonheur de l'autre.

L'acte atroce de l'inconnu l'avait rempli d'une indignation douloureuse et, ne pouvant retenir son âme, il la laissa éclater en ces termes :

Père du monde, ô Brahmâ, toi qui créant ces enfants
Leur donnas vigueur et grâce afin qu'en leur doux printemps,
Tels que deux lys pleins d'odeurs, ils confondissent leurs
{âmes;
Peux-tu voir d'un œil tranquille un bandit aux mains in-
{fâmes,
Briser leur paix innocente et leurs colloques divins
Et rompre à jamais le cours de leurs fortunés destins?
Veuve du cœur qu'elle aimait, que va devenir sur terre
Cette vierge? hélas! pourquoi l'assassin en sa colère
Ne l'a-t-il pas immolée avec son jeune héros?
Elle tâche d'arrêter son sang qui coule à longs flots;
Mais, vain effort! Il n'est plus. Pour elle alors qu'est le
{monde?
Une terre sans verdure, un ciel sans clarté profonde,
Un lieu funeste où la mort la prendra vite en ses bras
Sans qu'elle ait renouvelé sa douce forme ici-bas.
O Brahmâ, Dieu de justice, ô notre vénéré père,
Ne laisse point le méchant vivre paisible sur terre!

Il crut frapper sans témoin, mais j'ai vu son mouvement
Et j'implore contre lui les foudres du châtiment.
O Brahma, ne permets pas que de tes biens il jouisse,
Qu'il assouvisse sa faim et du somme ait le délice !
Le sang pur versé doit être enseigne du meurtrier,
Il doit le marquer au front, l'isoler du monde entier.
Que le sol donc lui refuse abri, fruits d'arbres et l'onde ;
Que ses frères et ses sœurs fuyent son visage immonde ;
Qu'il vive en proie aux remords jusqu'à ce qu'il tombe au
[lieu
Où Câli roule à jamais les scélérats dans le feu !

Quand Valmiki eut achevé cette plainte terrible, Bârâdwadja son disciple, suspendu à ses lèvres, l'écoutait encore. Surpris et enivré d'un tel langage, il s'écria : O maître, en quelle langue venez-vous de parler ? Jamais bouche humaine n'a proféré de semblables accents. J'en ai le cœur tout ému et l'oreille toute ravie.

Valmiki ne répondit pas ; il était comme un homme qui ignore ce qu'il a pu dire. Mais une voix céleste remplit tout à coup la cellule et fit entendre ces mots : « C'est dans la langue des dieux que le sage Valmiki vient d'exprimer sa douleur. Le verbe harmonieux qui s'est épanché de sa poitrine est aussi loin du parler ordinaire des mortels que le ciel l'est de la terre. C'est le chant de la lyre des anges au sein de l'empirée. Il résonnera de nouveau sur la lèvre des hommes toutes les fois qu'une juste et sainte émotion donnera des ailes à leur âme. »

Valmiki reconnut la voix du créateur des choses et abaissant son front jusqu'à terre il le remercia du bienfait qu'il venait d'accorder aux hommes par son humble organe. Il décomposa les paroles qu'il avait prononcées et qu'avait retenues son disciple. Il observa qu'elles s'étaient écoulées dans un ordre analogue au tumulte de son âme et tout différent de celui dans lequel elles s'épanchaient d'habitude. Elles étaient en outre cadencées comme un chant et imagées comme une peinture, et il les appela vers. Ce fut de ce jour, suivant la légende indienne, que la poésie existe parmi les hommes. Elle était née de l'explosion d'un cœur sensible.

## HYMNE A NÉPHÉLÉ.

La terre, souvent sèche et aride aux jours d'été, aspire après la bienfaisante rosée du ciel : souvent, elle désire voir le front de son bien-aimé, le soleil, se voiler d'un nuage, et elle demande aux vents de s'abaisser sur elle et de la rafraîchir.

Souvent aussi le ciel voilé de vapeurs humides et couvert de lourds nuages est désireux d'en nettoyer son vaste azur, de les précipiter sur le sein de la terre et de l'imprégner des principes fécondants qu'ils renferment.

Le créateur, qui entend les vœux de tous ses enfants, se prête aux désirs du ciel et de la terre. D'un souffle puissant il pousse les nuages les uns contre les autres : le feu s'allume dans leurs flancs, la foudre éclate, et la pluie tombe à grands flots sur le sol.

Le ciel, débarrassé des noirs nuages, resplendit d'un jour plus pur et plus doux ; la terre, rafraîchie et pénétrée par les eaux bienfaisantes, se ranime et se couvre de fleurs et de fruits ; et partout les musiciens de la nature, les oiseaux élevant la voix, chantent, sur mille tons divers, l'hymne de reconnaissance au souverain des mondes.

## LEVER DE SOLEIL.

La mer était bleue et tranquille, le soleil montait doucement à l'horizon, les barques gonflaient leurs voiles au vent et s'éloignaient du port. Errant sur le rivage, je regardais un pêcheur qui, debout sur une roche verdâtre, enfonçait son filet dans les ondes. Tandis que la nasse plongeait et recueillait sous les eaux sa proie secrète, le brave homme, laissant un moment le support de son filet solidement planté dans un trou de la roche, tira du gousset de son caleçon de toile un morceau de pain, puis, avec un couteau, détachant des moules appendues aux flancs de la pierre, il les ouvrit et les mangea du meilleur appétit..... Ce repas matinal fait à la face du ciel et avec les fruits naturels de l'onde me charmait l'âme et je me disais : O bonne nature ! que tu es secourable aux pauvres gens !

Comme tu fais vivre l'homme à peu de frais, et que de riches, devant une table chargée de mets succulents, sont loin d'avoir le plaisir de cet humble mangeur de moules!

## COUCHER DE SOLEIL.

Le soleil descendait majestueusement dans les flots. Son disque d'or vivant colorait les cieux de mille beaux rayons que les ondes réfléchissaient en teintes de pourpre et d'opale. Tout l'occident flamboyait comme un vaste incendie. C'était un magnifique spectacle dont ne pouvaient se lasser deux jeunes gens assis sur les marches du temple qui domine les hauteurs du cap Sunium. L'un d'eux, disciple de la doctrine de Leucippe d'Abdère et animé de l'amour de la science, longtemps absorbé dans la contemplation de l'astre, se lève tout à coup et les deux mains tendues vers le ciel s'écrie : « Heureux, bienheureux celui qui peut pénétrer la cause des choses ; il arrive à l'essence du vrai et devient comme un Dieu! Pauvres mortels! nous ne percevons que les effets, mais, si beaux qu'ils soient, ils ne contentent qu'à demi nos âmes. La raison des phénomènes est toujours enveloppée d'un voile qui irrite nos désirs. O Jupiter, devant ce globe divin qui sombre dans les flots comme un navire en feu, je me sens dévoré de l'ardeur qui embrasa jadis ton amante, la belle Sémélé. Elle n'hésita point, tant sa passion pour toi était grande, à te recevoir brûlant dans ses bras : de même je suis; donne-moi, Jupiter, donne-moi des ailes qui m'emportent jusqu'au disque du soleil et dussé-je être consumé, anéanti par le céleste brasier, laisse-moi en connaître la figure et l'essence ! »

Son ami, qui suivait les principes d'une autre philosophie, celle du fils de Sophronisque, le regarde avec une admiration mêlée de tristesse et lui répond doucement : « Ami, j'aime ton enthousiasme et ton désir de science me paraît sublime, mais il se pourrait que ta prière ne parvînt pas jusqu'au trône de Jupiter ou du moins qu'elle n'y fût pas écoutée.

— Et pourquoi ? reprend Eudoxus.

— Parce que tes vœux ont l'air de n'avoir pour but que de contenter la curiosité de ton esprit.

— La nature qui m'a donné l'intelligence doit un aliment à sa faim, ajoute le jeune savant ; connaître est le besoin légitime de l'esprit comme manger est celui de l'estomac.

— Prends garde, Eudoxus ! L'égoïsme de l'entendement est aussi coupable que celui du corps. Quand Jupiter ordonna les magnificences qui nous entourent, quand il fit sortir du chaos la terre avec toutes ses richesses, ce ne fut pas pour en repaître uniquement ses regards mais pour en accorder la jouissance à une foule de créatures..... Se dévouer à la science jusqu'à en mourir est beau, mais il faut que ce dévouement soit utile, il faut qu'il soit profitable au bien-être de l'humanité et à son élévation morale. A cette condition la divinité nous écoute et nous prête des ailes pour monter un peu dans le ciel, c'est-à-dire, pénétrer de quelques degrés dans la connaissance des causes. »

Durant ce dialogue, le soleil avait disparu sous les flots et des myriades d'étoiles étincelaient à la voûte étherée. Elles semblaient, des palpitations de leurs yeux brillants, applaudir aux paroles du jeune Grec. A leur aspect il ne put s'empêcher de s'écrier encore : O vérité infinie ! qui pourra jamais t'embrasser ? Infini, infini, devant toi qu'est notre science ? Celle d'un petit enfant qui, suivant le dire d'un vrai sage, trouve une coquille au bord de l'immense Océan.

Puis il descendit des marches du temple et quitta les hauteurs de Sunium ; Eudoxus le suivait, mais la tête basse et la lèvre silencieuse.

## L'AMAZONE.

Le fracas de la bataille a cessé; le fleuve au bord duquel on a combattu emporte en bouillonnant des centaines de cadavres dans ses ondes. Une lune pâle et à demi voilée d'épaisses vapeurs éclaire ce champ de carnage d'où ne s'élève plus, à de longs intervalles, que la plainte d'un blessé qui se soulève un moment, retombe et expire.

Non loin des rives du fleuve une jeune amazone, renversée de cheval et percée au flanc d'un coup de javeline, gît sur la sombre arène. Sa tête et ses reins sont appuyés sur le dos d'un généreux coursier immobile et glacé par la mort. Le sang qui jaillit de sa blessure coule silencieusement autour d'elle et forme une mare où trempent ses jambes et ses pieds plus blancs et plus froids que l'albâtre. Longtemps évanouie, elle reprend peu à peu ses sens, rouvre ses paupières, voit la douce lueur de Cynthia et gémit en la retrouvant.

« O blanche Déesse, s'écrie-t-elle, pourquoi te rencontrer encore au ciel et non pas aux noires demeures de Pluton? Pourquoi le fil de ma vie flotte-t-il encore dans la main des Parques? J'avais loué le coup qui m'avait jetée sur la poussière, la main du jeune Grec qui m'avait percé la poitrine, et voilà que je renais, que je reprends une vie qui m'est odieuse. N'ai-je pas assez souffert? Née au sein d'une nation qui n'aime que la guerre et qui s'enorgueillit du nom de tueuse d'hommes, il m'a fallu, dès le plus bas âge, n'apprendre que des arts homicides, ne savoir que manier le glaive et tirer de l'arc. J'ai d'abord poursuivi les tendres biches des bois, puis, plus âgée, on m'a menée ravager les champs des nations voisines. Jamais d'épanchements de cœur entre mes compagnes et moi, jamais le doux plaisir des jeux paisibles et les rires aimables ; toujours les durs exercices, les rudes travaux, les paroles graves et brèves du commandement et de la soumission, une existence enfin toujours solitaire et farouche, et cela pour contenter les inquiètes convoitises, l'ambition démesurée de quelques âmes. Oh! que de fois, en nos courses belliqueuses, j'ai envié le sort des femmes des peuples que nous allions combattre! Que de fois mes yeux se sont remplis de larmes à l'aspect des pauvres mères

qui fuyaient devant nous, leurs enfants dans les bras !
Que de fois j'ai détourné ma hache de leurs fronts
et le sabot de mon cheval de leurs corps fléchissants !
Hélas ! j'étais faite pour vivre comme elles,
j'étais faite pour subir, comme elles, le joug léger
d'un époux, pour goûter les saintes joies de la maternité, donner toujours la vie et jamais la mort. Mais
les dieux en avaient décidé autrement. Il a fallu m'en-
durcir le corps et le cœur. Suivant la coutume de nos
mères, j'ai dû livrer l'un aux caresses brutales d'un
hymen forcé; quant à l'autre, j'ai dû étouffer ses cris
lorsqu'on brisa devant moi la tête de l'être que je venais d'enfanter, coupable d'un sexe qui n'était pas le
mien. O souvenir déchirant ! O plaie cuisante et jamais
fermée ! O malheur d'être née avec une âme tendre au
milieu d'une race de fer ! Depuis ce jour fatal, j'ai
traîné ma misérable vie en demandant et en cherchant
le coup qui la devait finir. Je croyais l'avoir reçu aujourd'hui, et voilà qu'un peu de sang reparcourt mes
veines, que mes yeux clos se rouvrent et que je semble rentrer dans le monde des vivants. Oh ! qu'y
ferai-je, grands dieux ! Esclave, le front que jusqu'ici
j'ai tenu si haut ne pourrait supporter l'ignominie
d'une indigne destinée ; libre et rendue aux miens, ma
vie ne retrouverait près d'eux que de nouvelles souffrances. O blanche Artémis, ô déesse à qui je fus
consacrée tout enfant, aie pitié de moi ! Je ne de-

mande pas l'existence, mais la mort. Toi qui es si puissante aux lieux souterrains, ordonne aux noires sœurs de couper la trame de mes jours; délie mon âme et fais qu'elle s'échappe tandis que je puis encore contempler au ciel d'un regard p'eux l'éclat de ta sainte beauté. »

La plainte de la jeune guerrière ne monte pas inutilement dans les airs. La lune sort doucement des nuages qui l'enveloppent, et fait tomber un blanc et pur rayon sur le visage de la noble femme. Tout son corps soudain frissonne, son regard devient fixe, et de ses lèvres violettes, sans bruit, l'âme s'exhale. La vie, en fuyant, y laisse un calme et doux sourire.

## L'ESCLAVE.

Les Scaldes ont chanté sur leurs harpes de frêne, ils ont chanté l'annonce du grand jour. — Demain l'île sacrée verra tressaillir ses chênes séculaires et les flots de ses bords écumer d'aise et de joie au bruit des saints cantiques.

Demain, en grande pompe, la déesse Hœrta, la fille du grand Thuiscon sera promenée sur un char couvert d'une étoffe de pourpre et traîné par des génisses blanches autour du lac intérieur. Puis, les sept tours que prescrivent les rites étant achevés, le char, le manteau de pourpre et la déesse seront plongés dans l'onde mystérieuse pour être lavés des souillures imprimées par la main et les yeux des mortels qui les auront vus et touchés.

Et c'est moi, humble esclave au carcan de fer et à la saie d'écorce de bouleau, que les prêtres ont désigné pour remplir le saint office ; c'est moi qui dois rendre aux objets sacrés leur pureté première. Sublime honneur qu'il me faudra pourtant payer de la vie! Ainsi le veut la loi — je dois mourir.

Oui, je ne foulerai plus la terre de mes pas. Enfant des bords du Rhin, je ne reverrai plus le fleuve majestueux et limpide. Je ne rentrerai plus dans la hutte de mes pères. Je n'entendrai plus la voix de mes sœurs, je n'irai plus avec les amis de ma jeunesse chasser le daim sauvage dans les forêts de nos montagnes.

Mais pourquoi regretter les douceurs de la patrie et les joies de la famille? Ne suis-je pas esclave, le vil prisonnier d'une tribu guerrière, qu'un maître orgueilleux insulte d'une parole brutale et force, le fouet en main, à exécuter les travaux les plus pénibles !

N'est-ce pas au contraire un bienfait du sort que j'aie été appelé à remplir le terrible office? Adieu, large soleil qui plonges ta chevelure d'or dans les flots, adieu, brillantes étoiles qui fleurissez à la voûte du ciel! La perte de vos splendeurs me coûte peu : déjà depuis longtemps vous n'étiez pour moi que des spectacles pleins de regrets.

Adieu! j'ai hâte d'arriver à l'instant fatal. Que d'autres tremblent à l'idée de la mort et marchent au sacrifice le visage blême et les pas chancelants. Moi, j'y courrai le cœur calme et le front serein. Que m'importe la mort, si je suis délivré des outrages du monde et si je vois les choses divines!

Les Scaldes ont chanté sur leurs harpes de frêne, ils ont chanté l'annonce du grand jour. Demain l'ile sacrée verra tressaillir ses vieux chênes et les flots de ses bords écumer d'aise et de joie au bruit des saints cantiques. — Demain, je dois mourir.

# L'AVEUGLE DU COLISÉE.

Après les pyramides d'Égypte, je ne crois pas qu'il y ait au monde un monument plus vaste que ce cirque, présent de Vespasien aux habitants de la ville éternelle. Matériellement parlant, c'est la masse de pierres qui donne le mieux l'idée de la puissance romaine. Dans son état de splendeur, dans sa solidité, ce cirque immense aux mille gradins revêtus de marbre, aux portiques sculptés, aux galeries décorées de statues et au faîte recouvert d'un grand voile de pourpre devait produire un effet merveilleux. Maintenant, tel qu'il est, dégradé, ruiné, dépouillé de ses marbres et de ses figures, nous dirons même dépouillé d'une partie de ses pierres par l'outrage des ans, la main des barbares et l'avarice des prélats et des barons romains du moyen âge, c'est encore une chose extraordinaire, imposante. Ses murs briquetés, ses dalles énormes à moitié déplacées, ses trois rangs d'arcades posées les unes au-dessus des autres et à travers lesquelles jouent les rayons d'or du soleil, ses mousses épaisses, ses lierres noirâtres, toutes ces végétations qui sortent des crevasses ou croissent dans les interstices des murs lézardés, en font un objet de curiosité des plus pittoresques et des plus nouveaux. On dirait que la bonne nature qui agit sans cesse et qui toujours tend à réparer les brèches de la mort, a voulu, dans ces lieux, cacher sous des tapis de verdure et d'élégants feuillages les ossements du plus grand dévorateur de chair humaine que l'on ait jamais vu. Là, croissent en pleine liberté l'olivier sauvage, le myrte et le jasmin, toutes sortes de ronces et d'herbes saxatiles. Puis, à travers ces espèces de jardins suspendus, rampent, sifflent et volent une foule d'animaux et d'insectes. Dans les parties sombres et humides on peut rencontrer le hideux crapaud et même la couleuvre. Dans les parties sèches et exposées au soleil on voit le lézard filer comme une flèche. Au sommet des arcades les plus élevées nichent des couples de blanches tourterelles, dont on entend par intervalle le doux roucoulement. Quelle promenade admirable pour un artiste! Plus d'un tableau est vraiment à peindre et se trouve tout composé, soit qu'on jette les yeux à travers une arcade conservée en son entier et donnant sur la ville, soit qu'on regarde à travers un trou de mur écroulé l'intérieur du cirque. Souvent ces ouvertures sont toutes festonnées de plantes grimpantes. Puis, dans les galeries inférieures, se rencontrent de vifs et soudains jets de lumière, qui contrastent vigoureusement avec l'ombre des murailles et produisent des effets dignes du pinceau de Rembrandt. Plusieurs fois j'ai essayé de dessiner quelques motifs de voûtes rompues et d'escaliers dégradés, mais la puissance des tons et le pittoresque entassement des débris se reproduisaient bien imparfaitement sur mon papier. Du plus haut point où l'on puisse monter, l'œil plonge avec effroi dans l'arène, comme au fond d'un de ces puits gigantesques dont parle Dante en ses chants de l'*Enfer*. Cependant la distance, si grande qu'elle soit, n'empêche pas de distinguer nettement les objets. Du sommet des dernières arcades j'ai vu avec facilité des moines joindre les mains et se signer devant la grande croix de bois qui s'élève au milieu de l'arène. Au rebours, d'en bas et de plein pied avec le cirque, l'édifice vous paraît comme un immense entonnoir de granit à forme ovale, dont la gueule va toujours de plus en plus s'élargissant sous la voûte azurée du ciel. Qu'on se figure un chrétien des provinces du Sud, ou un malheureux esclave des forêts de la Germanie destiné aux fêtes sanguinaires du cirque, passant tout à coup des ténèbres d'un cachot solitaire et étroit dans cet espace vaste, lumineux, plein de bruits et tout peuplé d'êtres vivants. La vue du monstre humain siégeant sur tous les degrés de l'amphithéâtre, de ce monstre aux cent mille têtes se levant et hurlant à son apparition dut certainement lui inspirer plus de terreur encore que les féroces animaux qu'on lâchait devant lui. Ce monstre, appelé le peuple romain, se composait non seulement de sénateurs au cœur de bronze, de guerriers ayant parcouru le monde à travers la flamme et le sang, de marchands avares, de robustes ouvriers, mais de femmes, de jeunes filles et d'enfants, d'enfants même qui jouaient, souriants, sur le sein de leur mère, tandis que le sang des martyrs, des confesseurs du Christ coulait à grands flots sous la griffe des lions, des tigres et des panthères..., et ce spectacle s'est renouvelé des milliers de fois pendant nombre de siècles... O horrible! horrible!

Un jour que, fatigué de mes contemplations artistiques et de mes souvenirs d'histoire, je sortais de l'immense édifice, je trouvai à l'une des portes, assis sur une borne, un vieil aveugle qui jouait de la mandoline. Je m'arrêtai un instant pour l'écouter. C'étaient des airs de danse, des saltarelles vives et joyeuses, telles que celles qu'accompagne le tambour de basque des danseuses du dimanche sur les pelouses du jardin Borghèse. Il ne faisait qu'effleurer du bout du doigt les cordes de son instrument, mais il en tirait des sons si frais et si délicats qu'une mouche qui les aurait entendus en serait morte de plaisir. Sa musique me ravissait. Lorsqu'il cessa de jouer, je sortis de ma poche quelques baïoques et les lui mis dans la main. Ce fut de bien bon cœur, car ce pauvre vieillard m'avait sur-le-champ rasséréné l'esprit et l'avait débarrassé de toutes les atroces visions des jeux du cirque. Mon Dieu, me disais-je en m'éloignant, quand trois cordes de cuivre pincées d'une main habile peuvent donner tant de plaisir à nos âmes, comment se fait-il que les hommes soient allés si souvent le chercher dans le sang et la mort de leurs semblables?

# UN SOUPER DE CALIGULA.

LE PALAIS DES CÉSARS, AU MONT PALATIN.

Un vaste triclinium de marbre orné de statues et meublé de lits recouverts de tapis de pourpre. — Sénateurs et chevaliers y sont couchés ; on est en plein repas.

L'EMPEREUR.

Allons, du meilleur Chypre, esclaves, et vous, joueuses de flûtes, un moment de silence ! Sulpicius, je bois à toi, comme au convive le plus aimable que j'aie connu.

SULPICIUS.

Je remercie César de l'insigne faveur qu'il veut bien me faire, et je vais trois fois répondre à son impériale santé.

L'EMPEREUR.

Je craignais, Sulpicius, que tu ne te rendisses pas à mon invitation, et j'ai été ravi de te voir. Tu m'as montré que tu savais supporter virilement la mauvaise fortune.

SULPICIUS.

Quand les immortels tonnent là-haut dans l'Olympe, nous autres, faibles humains, nous n'avons qu'à courber la tête; car les dieux sont toujours justes dans leur colère.

L'EMPEREUR.

Certainement; ils sont faits pour gouverner le monde et abaisser les fronts trop orgueilleux.

SULPICIUS.

Esclave, verse-moi le Chypre à plein bord, et toi, divin Caïus, l'invincible, le magnifique, l'arbitre suprême du goût, écoute mes souhaits : je bois à ta gloire et à ton bonheur éternel.

UN SÉNATEUR (*bas à son voisin*).

Par Jupiter! La lâcheté de Sulpicius m'étonne au dernier point. Il n'y a pas trois jours que Caïus a fait mourir son fils parce qu'il osait rivaliser avec lui de beauté et d'élégance, et voilà que ce père en deuil festine avec César et chante ses louanges.

LE SECOND SÉNATEUR (*bas*).

Cela ne me surprend en rien, et je comprends parfaitement sa présence en ces lieux et ses discours flatteurs.

LE PREMIER SÉNATEUR (*bas*).

Donne-m'en la raison.

LE SECOND SÉNATEUR (*encore plus bas*).

Le malheureux ! il a un autre fils.

LE PREMIER SÉNATEUR (*à voix basse*).

C'est juste.

*Tous les deux ensemble et très haut.*

Honneur à Sulpicius ! gloire et longue vie à César !

## APRÈS LA BATAILLE.

Attachés aux colonnes d'un temple, deux captifs attendent la décision du vainqueur. L'un, dans toute la fleur de la jeunesse, debout et déployant l'admirable beauté de son corps, soulève péniblement un de ses bras sur sa tête, tandis que de l'autre main il presse convulsivement son cœur. Ses deux yeux sont baissés vers la terre, et les traits de son visage pâle et altéré portent l'empreinte d'une tristesse profonde. — L'autre, aux formes plus mâles, à la vaste poitrine et aux bras musculeux, s'agite dans ses liens. On dirait qu'il voudrait détacher ses mains retenues derrière son dos : bien que vaincu, il n'a point l'âme à bas ; sa bouche est fortement contractée et ses yeux ouverts fixent le ciel avec courroux.

#### LE JEUNE HOMME.

O mon pays, vous reverrai-je jamais ? Doux lieux de ma naissance, vous saluerai-je encore de nos chants d'allégresse? Qu'il eût été beau pour moi de revenir vers vous le front paré des palmes de la victoire! Comme ton cœur, ô ma mère, eût battu de joie à mon approche, et comme mon amante eût rougi d'orgueil et de bonheur en me découvrant au premier rang de nos guerriers! Ma mère, mon amante, mes parents, mes amis, charme de mon cœur et orgueil de mon âme, suis-je encore digne de vous? Je ne sais ce que me réserve notre triomphateur, mais quand bien même il se relâcherait de sa dureté envers moi, quand même il couperait mes liens et me rendrait à ma terre natale, je n'y pourrais reparaître qu'avec les stigmates du vaincu; je ne pourrais, ô ma mère, ô mon amante, ô mes amis, que vous tendre des bras humiliés. O mort, pourquoi m'épargnais-tu dans le combat, pourquoi me laisser la vie avec la honte et les regrets amers de la défaite?

### L'HOMME MUR.

Oh! que ne puis-je rompre ces indignes liens, que ne puis-je m'élancer dans la plaine et combattre encore! Je soutenais la cause juste, et pourtant j'ai été terrassé : le ciel l'a permis. Malheur, trois fois malheur! Doux est l'air du pays, douce la voix d'une mère, doux le sourire d'une amante, mais tous ces biens je ne les regrette pas autant que la force de mon bras inutile et perdue. Que le destin fasse de moi ce qu'il lui plaira de faire, que je vive ou que je meure, il ne trouvera dans mon âme qu'un seul souci..., celui *de la Cause,* celui de son présent et de son avenir. Ce qui m'importe, ce n'est point l'air natal, des amitiés ou des amours perdues, *mais la Cause!* Ce qui me désespère, c'est de voir que l'idée pour laquelle j'ai tant souffert de corps et d'âme et à laquelle j'ai voué toutes les énergies de mon cœur, l'idée sainte, l'idée juste, compte un défenseur de moins dans le monde.

# UN MOT DE L'ÉNIGME.

Je me souviens qu'un jour, plongé dans une rêverie philosophique, je me demandais ce qu'était le bonheur terrestre et ce qu'il pouvait être à son point le plus élevé. Soudain celle qui m'aimait arriva et, m'embrassant avec tendresse, s'assit à côté de moi. Son visage était si calme, si joyeux en même temps que je ne pus m'empêcher de lui dire en lui prenant la main : « Tu es donc bien heureuse ? — Oui, me répondit-elle, quand je suis près de toi, j'ai autant de bonheur que j'en puis avoir — Et pourquoi, continuai-je en souriant ? — Parce que je ne désire plus rien... »

Ne plus rien désirer, voilà un des mots de l'énigme de la vie, l'explication du bonheur de ce monde, et cet apaisement de l'âme, cette divine satiété, ni la puissance, ni la gloire, ni la richesse ne les donnent, mais l'amour heureux, l'amour seul. Hélas ! hélas ! pourquoi ne dure-t-il qu'un moment, moment plus éblouissant que l'éclair, plus doux que le zéphyr, plus fugitif que l'onde !

# LA DANSE INTERROMPUE.

C'est jour de fête au grand temple de Mexico. On y célèbre les puissants dieux Michtlantentchli et Nicatzin-Intzotémoc. L'empereur Ahuitzol est assis sur son trône entouré de tous les membres de sa famille, parmi lesquels brille comme une fleur de bananier rose la jeune princesse Cosilpa. Les prêtres revêtus de leurs habits sacerdotaux occupent le sanctuaire.

Bientôt les conques guerrières, les grelots retentissants, les flûtes sourdes, les flageolets aigus et les tambours ronflants donnent le signal des danses sacrées. Elles commencent. D'un pas grave et mesuré au bruit marqué des instruments, les chœurs des danseurs et des danseuses, mêlant ou rompant leurs anneaux divers, forment ces milles figures mystiques prescrites par le culte et qui sont la représentation animée des lueurs célestes.

Dans une des évolutions, le chef de l'un des chœurs, Téquanitzin, beau guerrier de vingt ans, arrive devant le trône de l'empereur. En passant, il ne voit ni l'or du trône, ni le diadème emplumé du monarque, ni les colliers de pierres précieuses des princes de sa famille, il n'aperçoit que la belle Cosilpa assise à la gauche de son père, il rencontre les yeux noirs de la jeune fille, lesquels soudain s'abaissent devant les siens, et il voit ce pur et noble front se couvrir d'une rougeur charmante.

Ému jusqu'au plus profond de son cœur, le jeune homme oublie son rôle et reste un moment immobile.... ses pas s'arrêtant, la troupe des danseurs qui les suit s'arrête également. Cependant les conques résonnent, les flûtes roucoulent, les tambours ronflent et les voix des prêtres continuent leurs chants sacrés. Quand Téquanitzin revient à lui et veut reprendre la danse, il a perdu la mesure.

Alors une clameur immense s'élève dans le temple : la danse sainte est rompue, les Dieux sont outragés. Mort au coupable ! et les Tlamacaxquis terribles se précipitent sur le beau guerrier et, le prenant au corps, le poussent vers la pierre des sacrifices. Mais l'empereur descend aussitôt de son trône et, tirant son poignard fait d'une lame de silex, réclame son droit d'immolation.

Téquanitzin, pâle comme une lune d'hiver, se laisse entraîner sans résistance; il marche la tête inclinée en arrière et le regard tourné vers la princesse qui, plus pâle encore, immobile et muette, le suit anxieusement des yeux. Bientôt le malheureux jeune homme est couché sur la pierre fatale, et le monarque, le plus habile sacrificateur de son temps, d'un seul coup de poignard au cœur lui donne la mort. Puis, l'œuvre faite, le prince retourne sereinement s'asseoir à sa place.

La pierre du meurtre semble recouverte d'un tapis de pourpre. Tandis que le sang fume et coule, les prêtres hurlent, au son des instruments, des hymnes louangeurs aux dieux et à l'empereur. Les dieux puissants sont vengés, gloire à eux! disent-ils, Ahuitzol est leur fils chéri, qu'il soit heureux dans son règne et sa race! Et les chœurs de danseurs et de danseuses reformés continuent leurs saintes évolutions un moment interrompues.

Cependant la fête s'achève. La musique devient plus lente, les chœurs se confondent, se mettent en file et disparaissent. A peine le dernier prêtre a-t-il posé le pied hors du temple que l'empereur à son tour donne le signal du départ. Il se lève et les membres de sa famille, toute la cour suit son mouvement; une seule personne reste à sa place, la tête renversée sur l'épaule et comme endormie, c'est Cosilpa. On lui parle, on l'agite, on veut l'éveiller, mais en vain ; son corps froid et inerte retombe aux bras de ceux qui la soulèvent... l'empereur n'a plus de fille... elle est morte du coup de poignard donné au jeune danseur.

# L'AIGLE ET LA JEUNE FILLE.

### LÉGENDE ANTIQUE.

---

Qu'il est changé le noble oiseau, depuis que sa jeune maîtresse est tombée malade! Triste, inquiet, les plumes hérissées et l'œil terne, le pauvre animal reste de longues heures presque sans bouger perché sur le bord extérieur de la fenêtre de la chambre.

Il lui fut apporté à Sestos, tout petit, par un chasseur des montagnes qui, dans une de ses courses périlleuses, l'avait saisi à l'aire maternelle, et la belle enfant, l'aimable Anyté se fit un plaisir de l'élever comme un jeune chien ou un jeune chevreuil.

Et l'oiseau des dieux, grandissant près d'elle, oublia ses instincts, son nid natal, ses vastes cieux. Il ne se souvint plus que ses prunelles étaient faites pour regarder le soleil et ses ailes puissantes pour nager dans l'espace. Il devint le compagnon, l'ami et l'esclave de la jeune beauté.

Que de fois il laissa la jolie main de l'enfant caresser ses sombres ailes et gratter son col fier et nerveux! que de fois il mangea sur les genoux de sa maîtresse les restes du pain ou des gâteaux qu'elle rapportait de la table paternelle ou de l'autel des sacrifices! que de fois il but dans la coupe d'agathe la liqueur rouge du divin Bacchus!

Alors ceux qui passaient près du jardin et qui voyaient l'attitude gracieuse d'Anyté abreuvant le superbe oiseau de sa main délicate, croyaient assister à une scène de l'Olympe et voir la blanche Hébé folâtrant avec le sublime porteur des foudres du souverain des dieux.

Souvent aussi, en l'accompagnant dans ses promenades hors de la maison, l'animal heureux et léger s'amusait à voleter autour d'elle, s'élançant dans les airs comme pour la quitter et soudain, à ses appels, revenant plus vite que l'éclair s'abattre à ses côtés. Souvent encore, il se montrait son défenseur, son fidèle gardien lorsqu'il arrivait à la jeune fille de sommeiller sur l'herbe, ou lorsque le chien de quelque pâtre lointain accourait en aboyant sur ses pas.

Maintenant, plus de promenades, plus de jeu, plus de doux repas et de gentilles caresses! Le fièvre aux feux bleuâtres est entrée sous le toit d'Anyté; elle est venue jaunir ses joues, ternir ses lèvres et l'a étendue sans force sur une couche douloureuse, et voilà déjà bien du temps que son poison mortel la dévore.

Que deviendra le noble oiseau si la pauvre enfant ne résiste pas à son mal? Subira-t-il l'abandon de maîtres indifférents et les mauvais traitements de durs esclaves? Oh! non, il a des ailes, de la vigueur ; mais pourrait-il vivre encore de la vie de ses semblables, solitaire au sein des montagnes silencieuses?

Hélas! on dirait qu'il pense à ce triste avenir, tant il paraît taciturne et abattu, et pourtant tel est le sort qui lui est réservé, car de minute en minute la vie de la jeune vierge se raccourcit sous la main des Parques. Encore un jour et le fil de son existence sera brisé entièrement.

Entendez-vous le bruit que font les pas tumultueux des esclaves à travers la maison? Entendez-vous les lamentations des frères de la malade entourant son lit et les cris perçants de sa mère qui, serrant sa fille entre ses bras, semble la disputer aux violences d'Hadès?

Hélas! c'en est fait de la blonde Anyté! Le souffle a fui de sa blanche poitrine. Elle n'est plus une rose fraîche et brillante formée pour les vertes prairies de la terre, mais une pâle asphodèle destinée à parer le champ des morts au fond des noirs souterrains de Pluton.

En vain l'on veut éloigner l'oiseau favori de la chambre funèbre, toujours il y revient pour regarder d'un œil malheureux le corps glacé de sa jeune maîtresse. Nuit et jour il est là, comme un sombre gardien perché sur le chevet du lit, immobile, près du corps immobile.

Cependant le troisième jour arrivé, lorsqu'il faut enlever de sa couche la jeune morte, l'oiseau, d'un grand élan, s'envole et disparaît. Alors les serviteurs font leur service. La vierge est revêtue d'une tunique blanche ; une couronne de roses blanches est posée à son front, puis on la porte en grande pompe sur le bûcher fatal.

Là, elle est étendue comme en un lit de repos. On dirait qu'elle y dort, tant son visage est redevenu serein et tant il fait contraste avec la douleur de ceux qui l'entourent. Tout à coup, lorsque les flammes commencent à dresser leurs bras rouges pour enlacer le corps charmant, des cris aigus et terribles retentissent au haut des airs, et l'on voit, prompt comme la foudre, un grand oiseau descendre et s'abattre sur le bûcher.

O prodige, ô mystère ! C'est l'aigle aimé, l'aigle cher à la pauvre Anyté. Il couvre l'enfant de ses caresses, il l'enveloppe de ses ailes, il couche sa tête sur son sein, ne semblant avoir aucun souci des flammes. Quelques-uns regardent stupéfaits, d'autres s'approchent pour écarter l'animal, mais le feu plus rapide l'a déjà saisi ! Il le dévore et l'oiseau dévoué, exhalant son âme dans l'étreinte brûlante, mêle ses cendres aux cendres de sa jeune amie.

# UNE SCÈNE AU BORD DE L'OCÉAN.

Quand la mer dans son mouvement de flux a laissé à découvert les bancs de rocs de ses grèves, c'est un plaisir d'y aller voir les choses qu'elle abandonne. D'ordinaire ce sont des plantes marines de diverses formes et brillant des plus vives couleurs, puis des coquillages errant sur le sable ou attachés aux rocs, étalant leurs cônes et volutes d'émeraude, puis de noirs crustacés tels que tourteaux et crabes. Un matin que nous visitions, un ami et moi, les trous nombreux où ces derniers êtres se cachent en attendant le retour des flots, nous aperçumes un gros crabe tapi au fond d'une espèce d'entonnoir à demi plein d'eau. Du bout d'un bâton nous le stimulâmes à sortir de sa retraite, mais il s'y ramassa avec plus de force et d'obstination. Inquiété et frappé de nouveau il finit par prendre la fuite par un étroit couloir qui allait de son trou à un autre. Mais pendant ce trajet voilà que de son corps tombe un tout petit crabe pouvant à peine marcher. Au même instant l'animal se sentant privé de son fardeau revient sur ses pas, trouve l'abandonné et, le ramassant d'une de ses pattes crochues, le soulève, le serre contre son ventre et l'y retient, tandis qu'avec ses autres pattes il se remet en course et tant bien que mal se dépêche de s'éloigner. Une mère, une tendre mère humaine n'eût pas autrement et mieux fait. A ce spectacle nous fûmes saisis d'admiration et loin de nuire à l'animal nous l'aidâmes à regagner avec son enfant quelque trou profond qui pût les mettre, tous les deux, à l'abri des pêcheurs de crabes. Nous comprîmes la sublime conduite de ce pauvre être qui, jaloux de préserver son petit du péril qui le menaçait, l'avait d'abord caché sous son ventre, et qui, l'ayant ensuite emporté dans sa fuite, n'avait pas craint sous les coups de l'ennemi, et lorsqu'il s'était détaché de son flanc, de revenir le chercher, et nous reconnûmes d'un commun accord que l'œuvre de Dieu, sous aucune forme et nulle part, n'est à mépriser et à tourmenter, car là où la nature la plus brute et la plus laide apparaît, il se cache souvent des beautés de sentiment comparables aux plus divins trésors du cœur de l'homme.

## LEÇON DU SORT.

Je venais de sortir, l'âme brisée de douleur, d'une humble maisonnette où j'avais visité une douce créature en lutte avec la mort. Je marchais au milieu des champs, les yeux mouillés de larmes, quand tout à coup des cris de terreur retentissent derrière moi, et je vois dans mon chemin arriver deux jeunes filles assises sur un âne courant au galop.

Une d'elles s'écrie avec angoisse: « Arrêtez, arrêtez ! » Je me jette à la tête de l'animal et le saisis par une des brides restées dans la main de l'enfant. Une boucle s'était détachée, ce qui faisait que celle qui conduisait, n'étant plus maîtresse de sa monture, allait être renversée à terre avec sa compagne. La boucle rattachée et les guides reprises, la première jeune fille prend un bouquet de violettes qui embaumait sa ceinture et me prie de l'agréer pour ma peine. Puis, après un salut gracieux, les deux amies rassurées s'éloignent en chantant et riant de leur course effarée. Quelle antithèse ! La vie si près de la mort, la gaieté si près de la douleur. Était-ce une ironie du sort ? Un moment j'eus un accès d'amertume extrême et j'envoyai à tous les vents le bouquet de violettes que j'avais accepté presque machinalement, puis je continuai ma route.

Cependant, tout en marchant, je réfléchissais à cette rencontre et je me dis : « La providence ne fait rien d'inutile, cet événement étrange n'est pas sans motif. Ne pourrait-il point parler pour elle et signifier ceci : Pauvre affligé, souffre ce que tu ne peux empêcher, pleure et gémis, et si tu ne quittes pas la vie avec celle que tu aimes, si tu restes dans le monde, *ne t'isole pas de tes semblables dans l'excès de ta douleur;* sois toujours prêt à faire ce que tu viens de faire, à tendre une main secourable à tes frères en péril, en un mot, à leur être utile. »

## UN BRAVE HOMME.

―――

— Voilà une belle journée, monsieur le vicomte !
— Oui, mon ami, le vent est bien placé et nous promet un beau commencement d'automne.
— Voyez comme les montagnes dessinent à l'horizon leurs flancs et leurs cimes couleur d'azur, comme le soleil pur et sans nuages resplendit dans les eaux de l'Adour ? Entendez-vous aussi par toute la ville le joyeux carillon des cloches ? Elles appellent les fidèles à la célébration des saints mystères et nous font souvenir que nous sommes en plein dimanche.
— C'est vrai, et l'on peut voir d'ici les bons habitants de Bayonne s'acheminer en habits de fête vers l'église.
— Rien qu'à examiner leurs costumes on pourrait dire : ceux-ci sont de notre communion, ceux-là sont des réformés. Ces bandes de jeunes filles aux coiffes

rouges et aux basquines écourtées, causant et riant entre elles, indiquent certainement de jeunes catholiques, tandis que plus loin ces familles à l'air grave et au pas mesuré aux vêtements sombres et de même couleur, signalent des gens de la religion.

— Ce n'est pas mal observé... Cependant ces braves gens vont tous, tranquillement et presque côte à côte, en leurs temples respectifs, adorer Dieu comme ils l'entendent, spectacle qui pour moi n'est pas moins beau que les eaux scintillantes, les montagnes azurées et ce magnifique soleil qui s'élève si majestueusement dans les airs.

— Il est vrai que monseigneur, depuis qu'il gouverne la ville, a fait tout ce qu'il a pu pour maintenir la paix entre les habitants de diverses croyances.

— Et ce n'est pas peu de chose, mon ami, dans des temps aussi troublés que les nôtres et où le haut et le bas de la société sont enflammés de passions si féroces.

Telles étaient à peu près les paroles qui, dans les premiers jours du mois d'octobre 1572, s'échangeaient sur la plate-forme du château de Bayonne, entre son gouverneur, le vicomte d'Orthez, et le jeune M. de Lansac, lieutenant en premier de la garnison. Or, comme les deux hommes de guerre allaient et venaient, un grand bruit retentit tout à coup aux portes de la forteresse.

— Qui est-ce qui nous arrive, et que veut dire ce son de trompette? Monsieur de Lansac, ayez la bonté d'aller voir ce qui se passe.

— Oui, Monseigneur.

Le vicomte reprend sa promenade les yeux toujours abaissés vers la ville et toujours songeant aux observations du jeune homme.

A un certain moment il s'arrête et dit d'une voix émue : « Je te bénis, mon Dieu, de m'avoir inspiré des sentiments de tolérance... On a voulu faire de l'agneau un tigre, on lui a prêté des paroles impies, ce précepte tyrannique : *Allez par les chemins et contraignez tous ceux que vous y rencontrerez à entrer dans votre maison.* Mais ces paroles ne sont pas les vraies paroles de ton fils, car elles sont trop contraires à sa nature sublime. Ce qu'il a réellement dit est ceci : Mon royaume n'est pas de ce monde; je suis la vie et non la mort; gloire à Dieu dans le ciel et paix aux hommes de bonne volonté sur la terre... Oui, Dieu de Jésus, tant que l'épée du commandement brillera dans mes mains, je l'emploierai à maintenir la concorde entre mes frères, tes enfants, également tous sortis de tes mains puissantes et tous chers à ton cœur... »
A peine achevait-il ces mots qu'il voit le lieutenant reparaître un papier à la main.

— Eh bien! qu'est-ce, monsieur de Lansac?

— Monseigneur, un courrier arrive de Paris et vous

apporte une lettre de Sa Majesté le roi de France... La voici.

Le vicomte brise le sceau et lit... Pendant sa lecture une grande pâleur se répand sur son visage, il passe à plusieurs reprises la main sur son front, reste quelques minutes plongé dans une profonde méditation, puis, levant les yeux au ciel, il s'écrie: « C'est impossible! »

— Le courrier est là qui attend la réponse de Monseigneur.

— Eh bien, je descends dans mon appartement pour la lui donner.

Le lieutenant s'éloigne, et, en le suivant, le gouverneur répète ces mots: « Impossible! impossible! » Puis tous deux disparaissent dans l'escalier qui mène de la plate-forme aux étages inférieurs.

On sait quelle fut cette réponse. L'histoire l'a enregistrée dans ses fastes et la transmettra, je l'espère, jusqu'à nos derniers neveux. — Le roi Charles y donnait l'ordre au vicomte d'Orthez de continuer dans son gouvernement de Bayonne l'œuvre de Paris, la Saint-Barthélemy... Celui-ci ne craignit pas de lui écrire: « Sire, je n'ai trouvé dans la ville de Bayonne que bons citoyens et braves soldats et pas un bourreau. »

O bon capitaine! tu n'as pas laissé grande trace de

tes exploits guerriers... mais ces mots, ces quelques mots témoignent de ton humanité et t'illustrent plus que toute une suite de victoires sanglantes et ambitieuses.

# MICHEL LASCARI

Le général de la mer est à la poupe de la galère Capitane, assis sur la peau tigrée d'un haut siège et entouré de ses officiers couverts de cuirasses étincelantes et l'épée nue à la main. Les troupes et les matelots partagés en deux lignes couvrent le pont et attendent en silence.

Tout à coup les trompettes retentissent. Elles annoncent l'arrivée d'un canot à bord de la galère. Un homme en sort conduit par des soldats et portant des chaines. Il est beau, encore à la fleur de l'âge. Sa riche coiffure et sa robe de soie flottante indiquent qu'il occupe un haut rang dans le monde.

— Seigneur général, s'écrie un des envoyés qui l'accompagnent, l'illustre empereur de Trébizonde nous charge de remettre en tes mains l'homme dont tu as à te plaindre, afin que tu agisses envers lui comme bon te semblera. J'espère que cette satisfaction accordée à ta demande, et qui lui est des plus douloureuses, établira une paix solide entre ta puissance et la sienne.

— Envoyé de l'illustre empereur, répond le général, remerciez votre souverain de ma part et assurez-le que dès aujourd'hui toute hostilité cesse entre les Trébizontins et ma flotte. Maintenant, gardes, faites approcher votre prisonnier.

Le prisonnier s'avance. Sa contenance est humble, ses regards inquiets. Il les promène quelque temps autour de lui, puis d'une voix mal assurée il s'écrie :

— Quel que soit le sort qui m'est ici réservé, je me résigne. Cependant, seigneur, je voudrais savoir quel mal j'ai pu vous faire, moi qui ne vous ai jamais vu ni connu.

— C'est ce qu'il te semble, reprend le général, pourtant nos deux destinées se sont déjà rencontrées dans le champ de la vie, et l'événement de ce jour n'est que la conséquence d'une première entrevue. Ecoute-moi donc, Grégoras, favori de l'empereur Comnène !

« Il y a deux ans, un marchand génois qui se trouvait à la cour du souverain de Trébizonde et qui était engagé dans une partie d'échecs avec son favori, ayant vaincu ce dernier, fut injurié par lui de la manière la plus ignoble. Tant que la colère du joueur tomba seulement sur le marchand, il se contenta de hausser les épaules, mais lorsqu'elle diffama Gênes, sa patrie, et ses nobles concitoyens, il sortit de sa bouche un démenti vigoureux. Malheureusement ce démenti attira sur son visage la main du favori, qui s'enfuit aussitôt. Grégoras, tu souviens-tu de cette scène? »

Le prisonnier tressaille et, après avoir cherché quelque temps dans sa mémoire, s'écrie : — Cela est vrai. Mais quel rapport y a-t-il entre ce fait lointain et vous, seigneur?

— Le voici : Ce marchand, noble enfant d'une cité libre et fière, appela l'insulteur en combat singulier, mais l'empereur, craignant pour son favori, ne voulut pas permettre que le combat eût lieu et obligea le marchand à quitter sur-le-champ le pays. Celui-ci sortit de Trébizonde, la haine au cœur et jurant de venger son honneur outragé et celui de sa patrie sur l'injuste empereur et son lâche favori. Ce marchand, c'est moi.

Le prisonnier tressaille de nouveau et baisse la tête.

— De retour à Gênes, j'ai rassemblé mes parents et mes amis. Je leur ai raconté l'injure et l'injustice, puis, aidé de leurs bras, de leurs richesses et des miennes, j'ai armé deux puissantes galères, avec lesquelles depuis un an je parcours la mer Noire, attaquant, pillant tous les vaisseaux de Trébizonde, ravageant et incendiant les villages des côtes de l'empire.

« Aujourd'hui, le petit négociant de Gênes a fait trembler l'empereur de Trébizonde et l'a contraint à lui livrer celui qui l'avait si ignoblement outragé.

Aujourd'hui, à cette heure, il tient le favori dans ses mains. Il peut le briser comme verre, le plonger pour la vie au fond d'un cachot ou faire tomber sa tête sous le glaive de ses soldats.

A ces mots, le prisonnier pâlit et s'agenouille aux pieds du général.

— Tu pâlis et tu pleures, Grégoras ! Je pourrais te rendre avec le pied ce que j'ai reçu de toi avec la main ; mais, va, je n'en ferai rien. Ma vengeance est satisfaite. Je suis assez payé par l'humiliation de ton maître et les lâches terreurs que je lis sur ton visage. Assez de sang versé, de familles ruinées, d'enfants orphelins et de femmes veuves ; que tout le mal que j'ai pu faire retombe sur ta tête et celle de l'empereur ! C'est un remords que je vous laisse à tous les deux.

— Relève-toi, tu es venu ici, des chaines aux mains, tu vas sortir libre. Mais en rentrant au palais de ton maître n'oublie pas de lui dire ceci : Les hommes à qui Dieu confie le pouvoir suprême doivent être les protecteurs impartiaux et désintéressés de l'honneur et de la vie de leurs sujets. Un manque de justice de leur part peut avoir les conséquences les plus graves. Il peut engendrer d'un nain un hercule et rendre une foule d'innocents victimes de leur mauvaise conduite. Enfin, si la justice des hommes fait défaut, celle de Dieu, si tardive qu'elle soit, ne le fait jamais. Adieu

Grégoras! Souvenez-vous toujours, toi et ton empereur, de Michel Lascari.

Le général se lève et rentre dans sa chambre suivi de ses officiers. Le prisonnier est délivré de ses chaines et reconduit à terre. Puis, soldats et matelots rompent les rangs, et tous, les uns levant leurs armes, les autres jetant leurs bonnets en l'air, s'écrient : *Vive Michel Lascari! vive notre général! vivent les Génois!*

# LES CAVEAUX D'UPSAL.

Les deux princes de Suède, le duc de Gothie et le duc de Dalécarlie ont voulu contempler le grand Wasa dans son tombeau. Ils sont descendus au fond des caveaux de l'église d'Upsal, et par ordre du roi, leur père, les pierres de marbre du cénotaphe ont été déscellées, le cercueil ouvert, et ce que nul vivant n'avait aperçu depuis plus de trois siècles, a été livré à la clarté des flambeaux funèbres et à l'air des sépulcres.

Qu'ont-ils vu? Des vêtements à l'antique mode espagnole, des grègues de soie, un justaucorps de brocart d'or et d'argent, et un surtout de velours doublé d'hermine entièrement intacts et conservant encore une certaine fraîcheur : puis, une couronne, un sceptre, un fourreau d'épée, des boucles de ceinture et de souliers en or fin et ornés de pierreries reluisant encore et jetant des feux comme aux jours où le puissant monarque les portait.

Quant à l'homme, ce n'était plus qu'un squelette, un crâne nu et poli, hideux à voir, des mains et des pieds raides et ne présentant aux yeux que des phalanges osseuses et noires, enfin ce dernier costume de la mort qui fait que tout être ressemble à tout être et que l'œil ne peut plus discerner l'imbécile du grand poète, et le mendiant du roi.

Or, comme les deux enfants royaux contemplaient ces restes dans un muet étonnement, une voix s'éleva près d'eux sous la voûte et fit entendre ces mots : « O jeunes princes, ce n'est pas *ici* qu'il faut chercher le grand Wasa, dans six pieds de chêne et de plomb qui ne renferment qu'un peu de matière humaine, vaincue encore en durée par la soie et l'or des vêtements, mais au dehors, dans l'œuvre du génie qui anima ce froid squelette, dans la contemplation de cette chère patrie magnifiquement peuplée et qui, grâce à lui, dresse au milieu des nations européennes une tête libre et glorieuse. »

# LE REMORDS DU SOLDAT.

Un orage formidable grondait sur les hauteurs d'Hampstead et déchirait le voile de la nuit des pointes acérées de ses éclairs nombreux. La pluie à larges flots traversait l'air et inondait les chemins de torrents d'eau qui descendaient avec fracas vers la ville de Londres.

Dans une des humbles chaumières semées au penchant de la colline, un pauvre moribond se débattait sous le poids de l'atmosphère brûlante et du mal qui le consumait.

C'était un des mousquetaires de la garde du Lord Général Cromwell; il avait reçu une grave blessure à la tête en chargeant sur le peuple, qui s'était ameuté le jour du procès de l'intrépide pamphlétaire Lilburne, et depuis ce moment il gisait sur un grabat en proie aux douleurs cérébrales les plus violentes.

Jane, sa vieille sœur qui le soignait avec tendresse, était allée dormir dans une chambre voisine et avait laissé son fils, jeune garçon aux blonds cheveux, près de lui, pour lui servir de garde-malade. Celui-ci, assis sur un escabeau de bois, veillait au chevet du lit de son oncle et, pour passer les heures de la nuit, lisait à la clarté d'une lampe de cuivre suspendue au plafond, dans une vieille bible ouverte sur ses genoux.

Tout à coup, au bruit de la foudre et du vent, le malade qui s'agitait beaucoup depuis quelques instants, se dresse sur sa couche et laisse tomber ces paroles :

— O lord Sidney, ne me regardez pas ainsi, vos regards sont autant de coups de poignard qui me percent le cœur.... Qui est là, qui est là ?

— C'est moi, mon oncle, Dick votre neveu.

— O mon enfant, quelle affreuse vision me poursuit !

— La nuit est si mauvaise, vous avez eu le cauchemar en dormant.

— Oh ! je ne dormais pas..... Dick, je ne dormais pas..... j'ai vu le lord sur qui j'ai mis la main, il y a trois mois..... il subissait l'outrage, le visage pâle et en silence, mais il me jetait un regard terrible et semblait me faire entendre ces mots..... Comment !.... moi, un député des Communes d'Angleterre !

— Que voulez-vous dire, mon oncle?

— Ce que je veux dire, c'est que j'ai commis une mauvaise action..... oui, mon enfant, trompé par de fausses paroles et entraîné aussi par l'appât d'un grade..... moi, vrai républicain, j'ai osé mettre la main sur un député de la nation.

— Calmez-vous, mon oncle, c'est la maladie qui vous remplit la tête de toutes ces imaginations.

— Non, mon enfant, j'ai commis un crime..... j'ai exécuté les ordres d'un homme ambitieux..... oh! je l'entends encore crier, comme si j'y étais..... Vous n'êtes pas un Parlement! vous n'êtes pas un Parlement!.... soldats, balayez-moi cette salle!.... Et nous avons mis la main sur Henri Vane, sur Bradshaw, sur Whitelock, sur Algernon Sidney, Sidney, la vertu même..... oh! cela me pèse! cela m'étouffe!

— Calmez-vous de grâce, mon cher oncle, je vais aller éveiller ma mère... j'irai même chercher le médecin à Londres, si vous le désirez, quoique le temps soit bien mauvais.

— Ce n'est point la peine, mon ami; laisse dormir ta mère et reste près de moi..... ta veille ne durera pas longtemps, car je le sens, le Seigneur règle mon compte.....

En achevant ces mots la figure du malade se contracta hideusement comme par l'effet d'un violent désespoir, puis sa tête retomba sur le coussin du lit.

L'orage s'apaisant, il y eut quelques moments de

tranquillité et de silence dans la chaumière. Le jeune homme, qui s'était assis de nouveau, contemplait tristement, aux clartés vacillantes de la lampe, les traits mâles et altérés du soldat. Comme il était plongé dans cette contemplation et tandis qu'il réfléchissait aux paroles qu'il avait entendues et qu'il attribuait au délire, il vit remuer les lèvres du malade, remuer encore, et, prêtant l'oreille, il entendit ces mots qui en sortaient à voix basse :

— ..... Moi qui ai combattu sous Hampden, je ne mourrai pas comme lui glorieusement sur le champ de bataille..... je mourrai sur mon grabat, d'un coup de pierre lancé contre moi par un ami de la liberté, un ami de Lilburne..... ah! Lilburne, voilà un vrai patriote qui n'a pas été dupe de l'hypocrite et qui l'a démasqué..... honneur à toi !.... honte à nous !.... honte à moi !.... Dieu me punit justement..... » Et deux larmes descendaient le long des joues pâles et amaigries du moribond.

Vers le point du jour la tempête recommença avec une grande force. Le malade ne fit plus que s'agiter et gémir. En vain Dick cherchait à le soulager tantôt en lui humectant les lèvres avec un peu d'eau, tantôt en lui essuyant le front et les tempes baignés de sueur froide. L'heure fatale sonnait pour l'âme en peine. Le soldat étendit la main pour saisir celle de son neveu et, en la pressant, il balbutia d'une voix presque éteinte :

Merci, Dick, merci, mon enfant..... c'est fini, je m'en vais de ce monde..... tu diras pour moi adieu à ta mère..... sois toujours bon fils, homme libre et honnête Anglais..... et si jamais tu portes l'épée...... brise-la, fais-toi tuer plutôt que.....

A ce moment, un coup de foudre des plus terribles ébranla si fort les murs de la chaumière que l'on aurait pu croire qu'elle allait s'entr'ouvrir sous la flèche de feu. La lampe s'éteignit et le jeune homme chancelant et tout étourdi fut obligé de lâcher la main de son oncle.

Quand la pauvre Jane éveillée et son fils tout en effroi purent se reconnaître et que la lampe rallumée leur eût permis de contempler les traits du malade, ils eurent la douleur de voir qu'il n'existait plus..... Il était mort dans la dernière étreinte donnée à la main du jeune homme.

## LE BOUQUET DE FLEURS.

O narcisses, votre fleur est pour moi désormais sacrée ; car en la voyant je me rappellerai toujours que vous reposiez en touffe sur le lit de mon amie expirante.

Son teint avait votre blancheur, et dans ses yeux roulaient des larmes pareilles aux perles que la rosée du matin avait laissées tomber dans vos calices d'or.

Mais son cœur était plus pur et plus blanc encore que vos pétales de neige, son cœur où étaient entrées les miséricordes divines et les espérances du ciel.

Elle vous regardait d'un œil triste et doux et semblait vous dire : « Fleurs du renouveau, pauvres et
« odorantes amies, j'ai été moissonnée comme vous
« avant le temps !

« Comme vous, j'étais une fleur modeste, j'embau-
« mais de mon faible arôme un petit coin caché de cette
« terre, je ne demandais pas l'éclat du monde.

« Mais deux yeux faits pour être attirés par des
« fleurs plus belles, deux yeux pleins d'une amoureuse
« flamme se sont inclinés vers moi ;

« Et leur amour m'a ravie au calme et à la paix du
« cœur, leur amour, brûlant été, m'a consumée bien
« vite...... Je leur pardonne tout le mal qu'ils m'ont
« fait, car je les aime encore. »

O chère créature ! Dieu sait si je n'eusse pas donné tout mon sang et ma vie pour faire rentrer le calme en ton âme et t'arracher au mal qui te dévorait.

Mais Dieu ne l'a pas voulu..... il te réservait des destins meilleurs, et moi, il ne me reste qu'à pleurer sur ton sort et sur le mien, souvenirs doux et amers.

J'irai, j'irai chaque printemps saluer ta tombe verte et j'y déposerai non des roses et des violettes, mais les dernières fleurs que tu pressas contre ton sein.

O narcisses, votre fleur blanche est désormais pour moi sacrée. Car en la voyant je me rappellerai toujours que vous reposiez en touffe sur le lit de mon amie expirante.

## LES ÉMIGRANTS.

Il y a quelques années, dans la saison où le soleil a perdu de sa force, où les feuilles jaunissent et tourbillonnent sur les chemins au souffle du vent froid, je me promenais au milieu d'une forêt des environs de la capitale. Longtemps j'avais égaré mes pas à travers des sentiers déserts où je ne voyais que des herbes sans fleurs et n'entendais que le craquement des gros arbres. Cette solitude et cet appauvrissement de la nature donnaient à mes pensées une teinte de mélancolie. Je me laissais aller doucement à la tristesse lorsque le chemin que je suivais m'amena sur une des grandes routes qui traversent la forêt. Là, passaient lentement et à la file les unes des autres une quinzaine de voitures en bois blanc, recouvertes de grosse toile et traînées, chacune, par un seul cheval. Ce n'étaient pas des charrettes de rouliers, mais des chariots d'émigrants qui venaient sans doute des provinces situées au delà du Rhin et qui se dirigeaient vers l'Algérie. Les femmes et les enfants dormaient ou songeaient au fond des voitures. Quant aux hommes, huit ou dix d'entre eux, jeunes garçons ou hommes faits, marchaient par derrière et au pas. Un chant grave sortait de temps en temps de la bouche de l'un des marcheurs, et les autres lui répondaient en chœur par un refrain. Je suivis quelques moments leur troupe et voici, tant bien que mal rimées, l'idée et les paroles d'un des chants que j'entendis.

> Amis, vouloir au même endroit
> Rester tous pour passer la vie,
> C'est vain désir et folle envie :
> Le pays serait trop étroit.
> Le bonheur n'est pas dans la gêne
> Sachons donc, afin d'être mieux,
> Nous exiler sous d'autres cieux,
> Et chantons sans regret ni peine :
>     Une charrue, un champ,
>     Une femme, un enfant,
>     Voilà le bien suprême.
> L'homme est heureux avec ces trésors-là,
>     N'importe où son pied va :
> La patrie est aux lieux où l'on vit et l'on aime.

> Pourquoi tels que de vrais payens,
> Nous égorgerions-nous sans cesse !
> Laissons aux fils de la richesse

Leur place au soleil et leurs biens.
Lorsque la ruche est par trop pleine,
En grappe, à la porte serré,
Des abeilles l'essaim doré
Va gîter ailleurs dans la plaine.
  Une charrue, un champ, etc., etc., etc.


Tout le globe n'est pas encor
Encombré par l'espèce humaine ;
Notre famille en couvre à peine
La moitié dans son lent essor.
Que de beaux lieux où la nature,
Riche des fruits les plus divers,
Aux seuls animaux des déserts
Prodigue en paix la nourriture !
  Une charrue, un champ, etc., etc., etc.


Amis, suivons la loi de Dieu :
Il veut que l'on peuple la terre,
Et c'est l'homme de la misère
Qui le mieux remplira ce vœu.
Au grand jour de la récompense,
Si chacun a fait son devoir,
Qu'importe au Très-Haut de savoir
Si l'on fut de Prusse ou de France.
  Une charrue, un champ, etc., etc., etc.


Allons, allons, point de retard !
Voyons-nous pas les hirondelles
Qui vers le Sud tournant les ailes,
Nous enseignent comment l'on part ?
Pour quitter le natal village

Sans trop mouiller de pleurs nos yeux,
Entonnons tous d'un cœur pieux
Ce refrain qui nous encourage :
   Une charrue, un champ,
   Une femme, un enfant,
   Voilà le bien suprême.
L'homme est heureux avec ces trésors-là,
   N'importe où son pied va :
La patrie est aux lieux où l'on vit et l'on aime.


Lorsque j'eus entendu ce chant, je m'arrêtai laissant fuir à l'horizon la troupe des charrettes. Bientôt le bruit des roues et des voix se perdit entièrement, et les voyageurs eux-mêmes disparurent au tournant de la route. Quand je ne les vis plus, je m'écriai : — Pauvres gens, que les bénédictions du ciel vous accompagnent ! Puisse Dieu vous faire arriver tous sains et saufs au terme du voyage ! Les misérables de ce monde n'ont pas autre chose à faire que ce que vous faites ; votre chant est juste et sensé et cependant mon cœur a saigné à l'entendre. Hélas ! hélas ! bien que vous opposiez un cœur énergique à la mauvaise fortune, bien que vous marchiez en compagnie de vos femmes et de vos enfants, si dure que fût l'existence pour vous au sein des champs que vous quittez, elle vous laissera toujours des regrets. Vous ne verrez plus les amis de votre jeunesse, les compagnons de votre âge mûr, le toit paternel et la tombe des aïeux : vous ne prendrez plus votre part des joies et des malheurs de la patrie. Ah! la figure, le bruit, les parfums du pays sont si doux que je doute que l'aisance et l'amour des vôtres, autre part, vous les fassent même oublier. Oui, sous quelque ciel plus pur, sur quelque terre plus féconde où vous portiez vos pas, l'image du pays viendra toujours oppresser votre cœur; et le soir, plus d'une fois, assis devant votre chaumière et même à côté de votre famille, on vous verra, pensifs, tourner la tête vers le Nord et laisser tomber de vos yeux une larme silencieuse.

## LA DOULEUR DE GROS-JEAN.

L'autre soir en revenant du cabaret, les yeux un peu troublés de vin, j'ai laissé échapper ma musette de dessous mon bras et elle est tombée dans la rue. J'ai repassé vingt fois par le même chemin et je ne l'ai point trouvée; c'est comme si j'avais perdu mon âme.

J'ai fait afficher son signalement : elle est entourée d'un mouchoir bleu, les tuyaux sont de buis, l'anche est d'ivoire et l'outre en belle peau de chèvre. Qui la rapportera au pauvre enfant de l'Auvergne, charbonnier de la cité, aura une bonne récompense. Hélas! je crains bien que cela ne soit en vain.

Et pourtant que peut faire un Parisien d'un pareil instrument? Les belles dames et les beaux messieurs ne dansent qu'aux sons des violons et des cors. Ils trouveraient ma musette trop sauvage et trop criarde, ils se boucheraient les oreilles et se sauveraient.

Pauvre musette, les gens de là-bas, sur notre montagne, n'étaient point si difficiles et s'arrangeaient bien de tes chansons. Comme aux jours de fête tu leur faisais lever le pied et mener joyeusement la ronde! Comme ma douce Geneviève t'aimait! Elle n'était jamais lasse de t'entendre.

Mon père la tenait de son père et moi de lui; tu étais un héritage de plaisir et de joie. A toi se rattachaient comme des rubans roses tous mes souvenirs d'enfant et de jeune homme.

Quand le devoir m'eut dit de partir et de quitter la montagne, tout le long du chemin jusqu'à la grande ville tu me réchauffas l'âme; et, ici, quand triste et sombre par les jours d'hiver, le mal du pays me tourmentait encore, je te prenais, et, enflé du vent de ma bouche, le son que tu rendais était la voix du pays qui me chantait au cœur.

Qui me consolera maintenant de mes fatigues et de mes ennuis, qui fera reluire pour moi le ciel du village? O musette chérie, combien je te regrette! Je n'irai plus au cabaret de ma vie, jamais plus je ne boirai.

# LES DEUX TRAVAILLEURS.

Le poëte est dans sa chambre, seul et rêveur. Devant lui, sous sa fenêtre, une maison en construction s'élève.

Chaque jour l'édifice croît de plusieurs pieds. Les pierres s'amoncellent, l'ouvrier les pose l'une sur l'autre, à ciel ouvert et en chantant. Le poëte, au contraire, immobile, silencieux, fronce le sourcil, se passe la main dans les cheveux et plonge vaguement ses regards dans l'espace : on dirait un fou en extase.

L'architecte ayant donné sa pensée par figure et dessin sur le papier, l'ouvrier, selon ses ordres, et sous ses yeux, exécute tranquillement et sans embarras les plans du maître.

Le poëte est à lui seul architecte et maçon. Penser ne suffit pas, il faut qu'il réalise l'œuvre de son esprit.

La maison avance, voilà les murs sortis de terre ; les fenêtres s'ouvrent, la toiture se dresse et se penche en avant sur les fenêtres. Le poème ne va pas aussi vite. Rien sur le papier, ou quelques lignes à peine déchiffrables.

Les jours se passent. A moins d'être à l'hôpital étendu sur un lit et rongé par la fièvre, l'ouvrier, quel que soit son chagrin, a toujours assez de force pour monter sur son échafaud et mettre à leur place une pierre, une poutre, un clou, et l'édifice s'achève.

Le poète, fût-il sain de corps, est pourtant dépourvu de puissance si la moindre contrariété trouble son âme. Privé d'inspiration, son génie reste immobile, à plat, comme un navire manquant d'air et de souffle, et cela des jours, des mois entiers. Son œuvre, à moitié faite, se traîne, languit.

Enfin la maison est construite. Le bouquet triomphal brille au sommet de la plus haute cheminée. Le maçon est gai, il chante, il descend de l'échafaud, va recevoir sa dernière paye et, s'asseyant avec ses camarades à la table de quelque cabaret voisin, il boit à la beauté de son œuvre et à l'espoir de recommencer un nouveau travail.

L'inspiration est arrivée au poète. Elle lui est survenue comme une lave bouillante. Le poème est fondu tout d'un jet ; c'est une superbe statue d'ensemble et de détail ; mais, pauvre statue, elle n'enchante que son créateur, elle ne réjouit que ses yeux. Elle est encore dans l'obscurité ; faite pour le public, le public ne la connait pas.

Alors le poëte, au lieu de rire et de se reposer, descend de sa chambre et se met à courir les rues de la ville. Il lui faut trouver un mortel qui veuille bien s'intéresser à son œuvre, et qu'au moyen de la presse, par la voie du livre ou du journal, il la présente aux regards du monde ; et ce dernier travail, souvent sans espérance de lucre, n'est pas toujours le moins pénible, le moins exempt d'inquiétude.

## L'ARBRE SOLITAIRE.

Souvent je pense dans mes rêves à ce beau palmier en pleine terre, qui, au temps de mes voyages en Italie, verdoyait à Rome isolément, non loin de l'église de Saint-Pierre-aux-Liens. Chaque fois que j'allais visiter, dans ce dernier sanctuaire, l'étonnant Moïse de Michel Ange, je ne manquais pas de m'arrêter à ses pieds. J'avais plaisir à contempler ses belles palmes s'élançant en bouquet de son tronc noueux et dessinant la silhouette de son feuillage dentelé sur l'azur du ciel. Souvent, lorsqu'un souffle d'air faisait murmurer ses branches, je me demandais ce qu'elles pouvaient soupirer. Était-ce un hymne de gloire à la louange de Dieu, était-ce une aspiration aux champs brûlés de la terre paternelle? Quoique l'air en ces lieux eût beaucoup de chaleur et que le ciel y fût d'un bleu limpide, ce bel arbre n'en était pas moins hors de sa latitude; c'était un étranger. Quelle main l'avait planté, quel vent d'Asie ou d'Afrique était venu jeter son germe dans ce coin de la ville éternelle, on ne sait. Ce qui est sûr, c'est qu'il avait crû là avec force et qu'il déployait noblement la grâce de son feuillage. Cependant il n'était point fait, comme le grand législateur des Hébreux, comme le génie, pour vivre isolé. Il était dans sa nature de fleurir à côté d'un arbre de son espèce et, aux jours du printemps, de mêler ses rameaux à ceux d'un autre palmier pour en recevoir ou lui donner la fécondation. Mais où étaient les arbres de sa famille? A des centaines de lieues de distance. Autour de lui on ne voyait que des murailles de pierre et à peine quelques arbustes d'une autre fibre et d'un autre feuillage. Pauvre fils de l'Orient, il vivait seul et il devait mourir de même! Il pouvait produire des fleurs mais jamais de fruits!... et plus je réfléchissais à sa destinée plus je la trouvais comparable à celle de bien des mortels qui, comme lui, transplantés hors de leur sol, de leur ciel et de leur nature, loin de leurs affections et de leurs amitiés, germent, croissent et meurent dans la solitude et la stérilité.

## LE SONGE D'HERMINE.

---

Depuis longtemps le couvre-feu est muet; les lumières sont éteintes aux flancs des tours, et la lune seule, perçant de temps à autre le voile de nuages qui l'enveloppe, blanchit la pierre des remparts et le casque des sentinelles veillant sur les créneaux. Le silence règne dans tout le manoir.

La nuit a étendu dans leurs couches les habitants du château. Le comte y repose son front fatigué des soins du commandement; ses écuyers, ses pages, leurs corps las des travaux du jour, et sa fille chérie, le seul rejeton de sa vieille race, la fleur de ses dix-huit ans.

Hermine, la blonde Hermine, sur un lit garni de longs rideaux de damas bleu, a fermé ses douces paupières. A travers l'ogive de sa fenêtre, un blanc rayon de lune glisse sur elle, et l'on dirait, à voir son visage arrosé de la lueur céleste, la face pure et sereine d'un jeune ange endormi.

Elle dort d'un sommeil tellement profond que son corps semble à tout jamais privé de mouvement. A peine entend-t-on le souffle de son haleine. Cependant, si le corps est anéanti, l'âme, toujours active, veille intérieurement et fait éprouver, dans des contemplations fantastiques, de vives sensations à la jeune dormeuse.

Où est-elle? De quoi rêve-t-elle? Naturellement aux plaisirs de son âge et de son rang. Elle croit qu'elle va assister à une fête célèbre qui a lieu tous les ans dans sa contrée, et qu'on appelle le tournoi de la Saint-Jean. Cette passe d'armes s'exécute à une certaine distance du manoir, en un endroit formant une espèce de cirque, nommé *le Champ de la Roche-Noire*.

Tout est en mouvement dans le château pour les apprêts du départ. Les varlets amènent les chevaux sellés et revêtus de beaux caparaçons; les pages dénouent les faisceaux de lances et mettent au vent la flamme des bannières; les lévriers favoris du maître aboient, sautent et couvrent de caresses les deux mains d'Hermine. Enfin, la noble compagnie monte à cheval et franchit les fossés de l'habitation.

D'abord marche en avant l'écuyer porteur de la bannière seigneuriale; à son côté le ménestrel enfle sa cornemuse et en tire des sons joyeux; après vient le grave et vieux chapelain, qui marmotte tranquillement ses prières; puis le comte, dans son sévère costume de châtelain avec sa fille, la damoiselle, en robe éclatante de brocart bleu et à la toque de velours ornée d'une plume blanche; derrière eux se groupent les hommes d'armes, les varlets et les pages.

Hermine, assise sur un beau palefroi couleur isabelle, respire avec délices l'air frais du matin. Son visage est animé d'une douce gaité, et ses yeux embrassent avec plaisir toutes les sinuosités de la campagne. Jamais la nature ne lui a paru si lumineuse, si fraiche et si verdoyante.

Au croisé d'une route apparaît une troupe de cavaliers qui vient se mêler à celle du comte. Le chef de cette troupe est le chevalier d'Inisdal, un jeune homme à la mâle prestance, armé de pied en cap. Il lève son heaume et salue avec respect le comte et sa fille. Celui-ci lui serre la main, et Hermine lui rend gracieusement son salut; mais, en s'inclinant, elle sent subitement et comme malgré elle une légère rougeur colorer son visage.

Pourquoi cette émotion? elle ne saurait le dire. Cependant elle se trouve flattée des regards et des paroles aimables du chevalier; elle est contente de le voir marcher auprès d'elle, et déjà même en son cœur elle souhaite qu'il soit un des vainqueurs de la joûte.

Ce n'est pas, d'ailleurs, la première fois qu'elle le

voit ; ce jeune homme est peu éloigné de son âge, il habite un domaine voisin, l'un des plus considérables de la contrée, il est le fils du plus vieux et du meilleur ami de son père. Connaissant sa dextérité et sa valeur, elle espère son triomphe, et le jeune guerrier lui-même assure à Hermine que sa présence au tournoi sera pour lui le meilleur encouragement à bien faire.

On arrive... le Champ de la Roche-Noire est déjà plein de monde. Les hauteurs de la lice sont envahies par tout le populaire, paysans et varlets. Hermine et son père prennent place dans une des tribunes préparées pour les hauts barons du pays. — Quant au chevalier, il va se ranger avec son écuyer derrière la barrière.

Les trompettes résonnent. Les maréchaux du tournoi font l'appel des combattants inscrits. Ceux-ci se rangent deux à deux et en file, et, avant de s'engager, la visière baissée, la lance au poing, ils font le tour de la lice. Ils saluent les dames, et ce n'est pas sans orgueil qu'Hermine voit s'incliner devant elle la lance du chevalier.

Lice ! lice ! crient les hérauts d'armes, et les combattants se précipitent les uns contre les autres. Les chevaux se heurtent, les lances se brisent, et plus d'un joûteur roule sur la poussière. Trois fois la lutte recom-

5.

mence, et trois fois le chevalier est le seul qui soit resté ferme sur ses arçons.

Alors ce sont des applaudissements universels. Hermine ne peut maîtriser les battements de son cœur dans sa poitrine haletante, elle partage l'exaltation générale. Le chevalier est vainqueur ; il va être proclamé tel, lorsqu'un combattant inconnu, aux armes sombres et sans devise, se présente dans la lice et défie l'heureux joûteur à une dernière passe. Celui-ci accepte.

Au moment où le chevalier se range contre une des tribunes pour prendre du champ, un mouchoir brodé tombe sur lui. D'où vient-il, de quelles mains s'est-il échappé ? Il vient d'une personne que le comte et sa fille ne connaissent point, et qui siège au premier rang d'une tribune voisine de la leur, personne remarquable par son extrême beauté et la magnificence de sa toilette.

Le chevalier prend le mouchoir et le noue autour de son bras, puis il s'élance contre son adversaire avec une furie sans égale. Hermine pâlit et se demande si c'est bien là le même jeune homme qui la regardait si doucement et lui adressait des paroles si courtoises.

L'animosité des deux rivaux est terrible. La lutte est longue ; plusieurs lances sont brisées ; mais, enfin, l'inconnu, atteint d'un vigoureux coup en pleine poitrine, chancelle, vide les arçons et laisse la victoire au chevalier. Des cris de joie frénétiques partent de tous côtés, et cette fois le chevalier d'Inisdal est bien définitivement le roi de la joûte.

A voir un tel triomphe, Hermine oublie le mouchoir et celle qui l'a jeté; elle ne pense plus qu'à la victoire de son jeune ami. Son cœur est plein d'ivresse, surtout quand elle entend son père, saisi d'admiration pour un si beau fait d'armes, s'écrier : Brave jeune homme, je le voudrais pour fils !

Mais la fête n'est pas terminée. Il y a un dernier acte à accomplir, c'est, selon l'antique usage, la proclamation de la reine du tournoi par le vainqueur. Le signe de cette désignation est une couronne de fleurs que le victorieux doit, au bout de sa lance, déposer sur les genoux de la dame qu'il aura choisie. Hermine, pâle et rouge tour à tour, ne peut s'empêcher de dire: « Ce sera moi ! »

Les trompettes retentissent de nouveau et le silence se rétablit partout. Le jeune triomphateur, pas à pas, et le heaume levé, commence à faire le tour de la lice. Tout le monde est debout, afin de voir celle à qui sa main s'adressera. Arrivé près de la tribune d'Hermine, cent voix s'écrient: — c'est la fille du comte ! C'est elle !..... mais non, il passe outre et, s'arrêtant devant la brillante inconnue, il lui tend la couronne.

A cette vue, le cœur d'Hermine éclate; elle jette

un cri de douleur comme si elle s'évanouissait..... mais soudain elle s'éveille et se retrouve haletante, suffoquée à demi, couverte de sueur et de larmes, non point au champ de la Roche-Noire, aux jeux de la lice, mais sur son lit habituel et dans sa chambre calme et silencieuse.

Elle passe la main sur ses cheveux, son cou et ses bras, tant elle semble douter d'elle-même..... Est-il possible que tout ce qu'elle vient d'éprouver ne soit qu'un rêve, que toute cette passe d'armes et ses aventures ne soient que les fantômes du sommeil, le produit bizarre de l'imagination?

Elle finit par le reconnaître, car rien autour d'elle n'est changé. Voilà ses vêtements en ordre sur son fauteuil et son prie-Dieu portant son livre d'heures encore ouvert. Seulement la lune a fait du chemin et ne mêle plus sa lueur bleuâtre au feu rosé de la lampe nocturne.

La première émotion passée, Hermine se recouche, mais le sommeil ne vient plus fermer sa paupière. Son cœur virginal bat toujours violemment. Sa tête est brûlante, et les scènes de son rêve repassent devant ses yeux aussi vivantes que pendant le sommeil.

Sans comprendre comment son cœur a pu parler si involontairement et témoigner un goût et une sympathie qu'elle ne s'était pas encore avoués à elle même, elle est effrayée des sentiments que ce rêve lui a fait éprouver. Elle sent combien il est délicieux d'être aimée, mais elle sent aussi quelle douleur il y a de ne pas l'être ou de ne plus l'être quand on aime.

Elle se dit bien que ceux que l'on aime ne sont pas toujours ingrats et qu'il se trouve des cœurs fidèles, mais elle aperçoit toujours, à côté du miel de l'amour, l'absinthe de l'indifférence ou de l'abandon ; et son âme sensible et fière, éclairée tout à coup et profondément par les illusions du sommeil, ne peut plus se résoudre à accepter le breuvage céleste au risque d'un supplice infernal.

Alors les paroles du bon chapelain du château lui reviennent en mémoire. Souvent, dans ses discours pieux, le saint homme lui a enseigné que les songes étaient des moyens dont Dieu se servait pour donner des avertissements salutaires à ceux qui lui étaient chers. Peut-être que le rêve qu'elle venait d'avoir en était un pour elle.

C'est au milieu de ces réflexions que le sourire du matin descend dans la chambre de la jeune fille. Déjà le bruit de la vie se répand dans les cours et sur les remparts. Les valets courent à leurs travaux, les écuyers et les pages à leurs exercices; bientôt des pas sonores se font entendre dans l'escalier qui mène à sa chambre : le comte ouvre la porte et entre.

Il a le front serein, la lèvre souriante et l'œil animé d'un rayon de joie. — Bonjour, mon enfant, lui dit-il. Eh quoi ! encore au lit quand tout le monde est debout..... — Oui, mon père, répond Hermine ; j'ai mal dormi, je suis souffrante.

— Voilà des lettres, ajoute le comte, du baron d'Inisdal, qui te remettront sans doute plaisir au cœur. Il me demande ta main pour son fils. — Son fils ! répond Hermine, toute surprise et émue ; et, le front couvert de pâleur, elle baisse les yeux et reste silencieuse.

— Cette demande n'a point l'air de t'agréer, mon enfant ; mais tu sais combien je t'aime. Parle librement et franchement ! que faut-il que je réponde ?.....

Rassurée un peu, et relevant sur son père un œil doux et reconnaissant, Hermine fait entendre ces mots :

— Dites-lui, mon père, que je ne veux pas encore me marier.

— Eh bien, soit ! dit le comte, dont le visage redevient triste et sévère. Il m'eût été doux pourtant de voir le fils de mon vieil ami épouser ma fille. Mais l'homme propose et Dieu dispose, ajoute-t-il à voix basse, et, après avoir embrassé sa fille au front, il s'éloigne.

Aussitôt parti, Hermine verse un flot de larmes,

puis, à demi vêtue, se jetant à genoux sur son prie-Dieu, les mains jointes et l'œil fixé sur l'image du céleste époux, elle s'écrie : — Toi seul, oui, toi seul, ô mon Dieu ! car tu es l'ami que l'on aime toujours et qui n'abandonne jamais.

## JONATHAN.

O toi qui tombas sous les flèches des Philistins aux montagnes de Gelboë, toi qui mourus si courageusement en défendant ton père et ta patrie, qui étais-tu, vaillant jeune homme ?

De quel divin limon était pétri ton cœur pour que David, en apprenant ta mort, pût s'écrier : — Jonathan, mon frère, je suis en angoisse à cause de toi, tu faisais tout mon plaisir, et l'amour que j'avais pour toi était plus grand que celui des femmes !

Et Dieu sait avec quelle force l'amour exerça son empire sur le grand David, lui qui aima Bethsabée jusqu'au crime, jusqu'à faire mourir pour le contentement de ses désirs le fidèle et brave Urie, son époux.

Et cependant il aima Jonathan, le fils de son ennemi, plus que la douce Nicol, plus que la forte

Abigaïl, plus que la blanche Bethsabée, mère de Salomon.

C'est que tu avais, ô jeune homme, non seulement un corps parfait, un visage agréable et plein de charme, un courage extrême et à toute épreuve, mais surtout une âme aimante, une âme douce, à nulle autre pareille ;

C'est que du jour où tu vis David de Bethléem, David le berger, David le courageux combattant de Goliath, ton âme fut tellement liée à son âme que tu laissas comme ton âme elle-même ;

C'est que tu donnas tout à ton ami, ton manteau, ton arc, tes flèches, ton baudrier, ton cœur, ta vie même, quand, le défendant contre ton propre père, tu vis Saül furieux lancer sur toi sa javeline ;

C'est que jamais un nuage n'obscurcit ta tendresse, jamais ton dévouement ne diminua d'ardeur, et que tu aimas toujours David malgré l'arrêt de Samuel qui le mettait sur le trône à ta place.

O jeune homme, trois fois aimable ! tu surpassas Patrocle et Pylade dans leurs charmes et leurs élans de cœur, car, aussi beau et aussi vaillant qu'ils le furent, tu fus encore plus désintéressé.

O David, tu ressemblas au divin Achille ; chez toi, comme chez lui, l'amitié l'emporta sur l'amour ! Qu'était Briséis auprès de Patrocle, qu'était Bethsabée auprès de Jonathan ?

Heureux celui qui sur le chemin orageux de la vie rencontre une âme aimante et dévouée comme celle de Jonathan, mais plus heureux encore celui qui, tel que ce charmant jeune homme, se donnant tout entier, sans retour, vit et meurt dans la foi sublime de l'amitié !

# ADAM LUX.

---

Le monstre était mort, noyé dans les flots de son propre sang. La vierge qui l'avait immolé apparaît, blanche et fière, devant le jury de guillotineurs qui composent le tribunal révolutionnaire.

Au milieu de la foule basse et féroce qui aboie après elle et la charge d'imprécations, en face de ces juges souillés de sang qui affectent des sentiments d'équité, elle se tient calme comme l'innocence.

Le jugement n'est pas long à attendre. L'accusée reconnaît les faits, elle s'en glorifie. Aussi la sentence de mort répond-elle bientôt aux phrases de dédain qui tombent de ses lèvres.

Toute la foule bondit en signe de joie et souhaite déjà se trouver à l'heure où le bourreau mettra la main sur la victime. Toute la foule? non, non! il est au sein de cette plèbe grouillante et hurlante une âme noble qui la voit, l'écoute et l'admire.

C'est un enfant des bords du Rhin, un fils d'Arminius, à l'œil bleu, aux cheveux blonds et au teint pâle comme celui de la rêverie courageuse, un cœur pur, amoureux de la liberté, et qui tressaille de bonheur en contemplant la jeune déesse victorieuse du Python social.

Ses yeux la dévorent, son âme à chaque parole de sa bouche s'exalte et s'élance vers elle; elle a reconnu en elle sa véritable sœur, elle a trouvé l'idéal de ses rêves : l'héroïsme enfante l'héroïsme; aussi Adam Lux appartient-il à Charlotte dès ce moment, non point pour quelques heures fugitives, mais pour l'éternité.

O Charlotte, fille sublime, tu as allumé dans bien des cœurs vils et cruels les feux impurs de la haine, mais tu as tiré aussi de bien des yeux des larmes d'admiration, de sympathie et d'amour. Tu as fait plus, tu as ravi une âme aux anges de la terre, et cette âme, au sortir du tribunal sanguinaire, brûlera de te suivre sur les marches de l'échafaud.

Oui, elle ne peut résister à ton invincible beauté, et profondément touchée des grandeurs de ta vertu elle désire entrer dans la sphère de ton rayonnement céleste.

Elle a trop vécu parmi les hommes de ce temps,

elle a trop vu que cette France, qui devait être l'asile de la liberté, le trône de la justice et de l'humanité, n'était qu'un confus habitacle de lâches et de criminels.

Toi seule es belle, toi seule es noble et humaine, qui frappes courageusement les monstres gorgés de sang; aussi elle t'aime comme jamais fils des hommes n'a aimé, elle t'aime pour la pureté de ton essence, la virilité de ta flamme, elle t'aime pour mourir avec toi.

O passion du bien et du beau, que d'actes extraordinaires vous enfantez! Vous armez le bras d'une faible femme et vous faites qu'un jeune homme demande la mort comme une grâce, l'implore comme une faveur, afin de n'être plus séparé de son divin modèle.

Cette mort, il l'obtient à son tour du terrible tribunal, et il marche à l'échafaud, l'œil brillant et le visage serein, comme un jeune marié qui irait à l'autel. Que ne peut-il être frappé du même coup, ce serait pour lui le comble du bonheur!

Et pourtant il possède sur la terre étrangère une épouse chérie et deux filles charmantes, mais toutes ces figures d'êtres aimés ont disparu devant celle de la grande Némésis du jour, devant la belle vengeresse de la sainte humanité.

O Adam Lux, je ne sais si dans le monde des esprits Charlotte est près de toi souriante, mais ce qui est certain, ô noble député de Mayence, honneur du sol allemand, c'est que ton cœur était digne du sien et que ton nom, pour l'immortalité terrestre, restera glorieusement uni à son nom sublime.

## DESPERATA.

Elle était revenue de la ville du grand Pierre, épouse désolée; elle avait vu le maître des Russes, le tzar, elle l'avait supplié, prié à genoux et les yeux pleins de larmes, mais l'homme cruel était resté impitoyable, plus dur et plus froid que le marbre de son palais. Il lui avait refusé la grâce de son mari, la faveur même de l'accompagner dans l'exil, et le malheureux était parti seul, maladif, pour les steppes glacés de la Sibérie.

De retour en son château de Lithuanie, près des siens, elle avait revêtu des habits de deuil et elle passait son temps à écrire au bien-aimé proscrit. De loin en loin arrivaient quelques lettres, et les jours de leur réception étaient pour elle des jours de soulagement. Ses yeux étaient moins humides, ses lèvres moins serrées, elle reprenait courage et se rattachait même à la vie.

Un jour, il n'en vint plus. Elle attendit, mais les semaines se succédèrent sans un mot, sans nouvelles. Elle fit agir par ses proches, ses voisins, ses amis, auprès des hommes du gouvernement, mais on ne lui rapporta que du silence. Alors elle pensa que l'exilé n'était plus et que l'affreux climat avait dévoré sa frêle existence ; alors elle prit un parti terrible.

Une nuit, tandis que tout le monde reposait dans l'antique demeure de ses pères, elle se lève, ouvre son armoire, en tire sa robe de noce, la revêt, puis, amoncelant autour de son lit tout ce qu'elle peut trouver de lettres, de papiers précieux venant d'elle ou de son cher époux, elle en fait comme un sinistre bûcher et se couche au milieu.

« Pourquoi vivrai-je plus longtemps? dit-elle, il est mort et je n'ai point d'enfants..... mais la patrie, ah ! la patrie est morte aussi, ma chère Pologne ! Elle est morte sous les coups de l'affreux Moscovite et par l'abandon des nations chrétiennes. Où sont nos frères, nos sœurs, nos amis? exilés ou dans la tombe; nos prêtres, nos religieuses? emprisonnés ou errants à travers le monde; notre langue elle-même? renfoncée en nos gorges et prête à s'éteindre. C'est le meurtre d'un pays savamment et impitoyablement combiné. Non, la vie pour moi n'est plus possible..... O chers objets, témoins de mes félicités passées! bijoux, voiles, robes charmantes dont il aimait tant à me parer, ornements de mon pauvre corps, vous ne lui survivrez pas. Et vous, discrètes confidentes de ses pensées d'amour, de ses espoirs généreux et de ses nobles élans patriotiques, lettres sacrées, pieux reliquaires de son âme, vous suivrez mon destin et ne laisserez après moi aucune trace de notre double existence. Comme vous, mon âme va s'exhaler dans les airs, mais elle ne s'y perdra pas comme vous entièrement. L'immortelle, pareille à l'oiseau voyageur, connaît sa route à travers l'espace et va aller retrouver, au sein des demeures célestes, l'âme chère qui l'attend depuis nombre de jours ; et là, sous l'œil du Dieu bon et miséricordieux pour toutes les fautes commises avec le cœur, là, je l'espère, rien ne la séparera plus de celle qu'elle a tant aimée. »

Elle dit, et, abaissant la flamme de son bougeoir sur les matières combustibles qu'elle a entassées autour de son lit, elle commence le fatal sacrifice de sa vie. Bientôt elle se trouve couchée en un cercle de feu. L'élément meurtrier darde ses langues rouges sur elle, et, mordant ses draps, ses vêtements, les consume rapidement et pénètre jusqu'à sa peau.

A ces vives atteintes, si stoïque qu'elle soit, elle pousse un grand cri, mais elle se contient, ferme les yeux, serre les dents et se cramponne au bois de sa couche, car elle veut mourir.

Cependant la clameur stridente a été entendue. Ses

femmes, ses domestiques, éveillés, se précipitent à sa porte et veulent en vain l'ouvrir. Fermée en dedans, elle résiste à leurs efforts. Au feu! au feu! crie-t-on de toute part, car les vitres des fenêtres se brisent et des bouffées de flamme et de fumée s'en échappent. Vite, sauvons notre chère maîtresse!

Enfin on enfonce la porte, on jette l'onde à pleins seaux, le brasier peu à peu s'éteint, la fumée se dissipe. Hélas! lorsqu'on peut approcher et voir, on trouve sur un amas de matières consumées un corps sans vie, étouffé, calciné, celui de l'infortunée comtesse dont l'âme est allée se mêler, plus haut, aux âmes innocentes et généreuses tombées victimes, comme elle, de l'ambition scélérate de quelques hommes.

# UNE BARQUE DE NAUFRAGÉS.

Sur une mer profonde, immense et d'un vert sombre, vogue une barque à la merci des vents, une barque à demi désemparée, dernier débris d'un grand naufrage. Sur ce frêle esquif sont entassés une vingtaine de malheureux, hommes, femmes et enfants, à moitié nus, mourant de faim et de soif, et pourtant ne voulant pas mourir. Depuis de longs jours, ils errent dans cette affreuse position; et, de jour en jour, le peu de subsistance qui les soutenait diminue, il ne leur reste plus qu'une tonne de vin et une vingtaine de biscuits. Les chefs de ce pâle équipage, ceux qui cherchent à le diriger sur cette étendue sans limites, se regardent avec effroi et se consultent. « Capitaine, donnez-nous à boire, donnez-nous à manger, nous expirons de faim et nous mourons de soif. — Enfants, nous n'avons plus que quelques biscuits et un peu de vin. — Eh bien ! qu'on nous partage également ce qui reste. — Enfants, à quoi bon ce partage ? Les morceaux seraient si petits pour chacun qu'ils ne suffiraient à personne et tout le monde périrait à la fois. Toute espérance de salut n'est point perdue, d'heure en heure peut surgir une voile à l'horizon. Il vaut donc mieux que quelques-uns de vous se sacrifient généreusement pour les autres. » A ces mots, un sombre murmure circule sur tous les bancs de la barque, il se fait un grand silence, puis l'on entend tomber dans l'onde successivement cinq ou six corps. Ce sont les plus faibles de la troupe, des âmes généreuses chez lesquelles le désespoir a tourné en noble résignation, et qui, après avoir levé les mains au ciel, ont voulu par leur mort prolonger la vie de leurs semblables.

Les rangs se desserrent, les poitrines s'élargissent, on respire plus librement, et l'assurance d'un jour de plus rend le calme à l'âme agitée de tous ces malheureux. Alors le capitaine s'écrie : « Honneur aux braves gens qui se sont immolés pour le salut de leurs frères ! leur nom vivra dans nos mémoires et Dieu les recevra dans son sein. » Le pain et le vin sont distribués, et chacun, les yeux tournés vers l'horizon, attend en silence l'apparition d'une voile ou d'un rivage. Les heures s'écoulent, rien n'arrive, et les angoisses de la faim se font sentir de nouveau. Aussitôt le capitaine recommence la même phrase : « Nous n'avons plus qu'une douzaine de biscuits et un quart de tonne de vin ; enfants, imitez l'exemple de vos frères : celui qui le fera sera béni des hommes et de Dieu. » Mais cette fois, nulle réponse, nul corps tombant dans l'abime. Les âmes généreuses et croyantes sont parties ; restent les gens qui se moquent du ciel et ne pensent qu'à la terre. Personne ne veut donner sa vie pour celle des autres et tout le monde veut vivre. Comment faire ? Le chef et ses seconds se concertent ensemble et, après quelque temps d'entretien, le capitaine s'écrie : « Enfants, il faut de nouvelles victimes ; mais puisque personne ne veut s'immoler pour ses frères, que le sort en décide ! —Oui ! oui ! le sort, » répètent toutes les voix, chacun espérant bien n'y pas tomber. Tous les noms, celui du capitaine excepté, sont mis dans un chapeau. Le chapeau est agité et présenté à tour de rôle à la main des malheureux naufragés. Avec quelle angoisse ils y puisent ! Leur main tremble, leurs cheveux se hérissent de crainte, la mer n'est pas si verte que leur visage. Enfin le nom des victimes est déclaré. Aussitôt le cri fatal retentit : « A la mer ! à la mer ! » L'œil menaçant, les bras tendus, tous ceux qui sont sauvés sont prêts à devenir des bourreaux, à exécuter eux-mêmes la terrible sentence. Voyant cela, les pauvres gens se résignent, et le flot mugissant reçoit de nouveau six corps. La barque, allégée et se relevant d'un pouce, bondit et flotte plus lestement.

Le vin et le pain donnent de nouvelles forces à ceux qui restent, et l'espérance renait un moment dans tous les cœurs. Mais hélas! ce n'est point pour longtemps. La mer est toujours sans rivage et sans voile, et l'implacable faim, comme un vautour des mers, plane encore d'une aile active sur la triste barque. Cette fois, plus de dévouement, plus de sort. C'est la force, l'énergie brutale de chaque individu qui décidera de son salut. D'ailleurs, il n'y a plus rien, plus de vin, plus de biscuits; il n'y a plus que des corps d'hommes à manger. N'importe! la vie au prix de cette horrible nécessité..... Le capitaine et ses seconds, voyant l'éclair du désespoir s'allumer dans tous les yeux, tirent leurs armes et font feu. Un grand cri s'élève, la barque chancelle, les corps tombent et s'abattent sur les bancs comme des veaux sanglants qu'on couche sur les planches d'un abattoir.

Alors un épouvantable festin, celui d'Atrée et de Thyeste, se remontre à la clarté du jour. On boit du sang, on mange de la chair, et cet atroce spectacle se renouvelle jusqu'à ce qu'il ne reste plus qu'un seul homme. Hélas! hélas! c'est bien inutilement que ce malheureux est le tombeau vivant de ses semblables. C'est bien inutilement qu'il vit au prix du sang de tous ses frères, car l'horizon tout à coup s'assombrit, l'ouragan se lève, la mer mugit, la foudre éclate, et l'océan furieux ensevelit dans ses ondes la frêle barque et son dernier conducteur.

O vous devant qui se déroule cet épouvantable tableau, en avez-vous pénétré le sens? Savez-vous que la couleur n'en est point trop forte, que la composition n'en est point exagérée. L'affreuse scène qu'il représente est celle qui se passe devant les cieux, depuis que notre planète est tirée du néant. Cette mer lugubre et sans limites, c'est l'abime du ciel, cette barque frêle est notre terre, et les malheureux qu'elle porte, l'humanité. Oui, c'est la société humaine toujours en lutte pour le vivre, la société humaine toujours souffrante, toujours plaintive, et qui jusqu'à présent n'a pu se maintenir que par le sacrifice d'une portion de ses membres, sacrifice opéré d'abord par la religion prêchant le dévouement, puis par le sort ou le hasard de la naissance, puis par la force brutale, le glaive et la poudre à canon. O mon Dieu! en sera-t-il toujours ainsi! O créateur, ô père des âmes humaines et des choses, n'existera-t-il jamais d'accord entr'elles, et n'y aurait-il, ici-bas, d'autre solution au problème que la théorie du sombre Malthus?

## PROMENADE D'AUTOMNE.

---

Les cieux sont voilés de nuages, l'air fraichit, les torrents se précipitent plus écumeux, les grands arbres jaunissent à leurs cimes et couvrent les gazons de feuilles desséchées ; c'en est fait, les vents ont fauché l'été dans sa fleur : voici l'automne, la saison sévère ! Hélas ! elle est venue aussi pour moi. Mes pas sont moins rapides, mes yeux moins brillants ; les soucis inclinent mon front et mes cheveux noirs se nuancent de fils argentés. Que de douces choses j'ai perdues dans ma route ! j'ai vu s'enfuir l'amitié, s'éteindre l'amour, tomber la Liberté. Rêves de mon printemps, illusions de mon été, vous vous êtes envolés de mon cœur comme une troupe de beaux oiseaux ! A mesure que j'avançais dans les plaines du temps, les uns après les autres, vous vous élanciez loin de moi. Vous êtes-vous éloignés pour ne plus revenir ? Je le crains, et c'est là le souci de mon cœur, la peine profonde de mon âme..... Mais à quoi bon ce regret? Pouvons-nous changer l'ordre des choses? Ne vaut il pas mieux se soumettre et accepter virilement la nouvelle étape que la Providence nous impose? Si l'automne ne couvre pas la terre de fleurs embaumantes, s'il ne colore plus le ciel de pourpre et d'or, s'il ne fait pas reluire à l'œil du voyageur matinal le prisme magique des bleus lointains, il remplit ses mains de fruits substantiels et caresse son front d'un souffle fortifiant : le sang de sa veine est moins brillant, mais il court à flot plus égal; les sens ont moins d'ardeur, mais le cœur a plus d'énergie; la vue de la pensée est moins prompte, mais elle embrasse plus de choses; la belle forme ne charme plus autant le regard, mais le fond apparait davantage. — Le fond, ah! le fond, voilà l'objet véritable de la vie, le but que les passions nous ont trop souvent dérobé, et duquel nous rapprochent de plus en plus chaque pas et chaque jour.

# L'ILE DES CAÏMANS.

Le calomniateur est là, des premiers arrivé au bord du fleuve. Accroupi sur les talons, le front bas, hideux, d'un œil louche il regarde à droite et à gauche, et se dit à part lui, en se frottant les mains : « Nous allons voir comment elle soutiendra l'épreuve. »

La foule des Malgaches, hommes, femmes et enfants se pressent à ses côtés, s'étagent autour de lui ; animés de divers sentiments, ils parlent, ils gesticulent, et leurs faces brunes, leurs vêtements bariolés se reflètent dans les ondes.

Tous attendent avec une triste impatience la victime. Qui est-elle ? la fille d'un puissant chef des montagnes, la plus aimée des fleurs charmantes de Mitasane, une enfant de seize ans, la belle et douce Racar.

Qu'a-t-elle fait ? elle a été accusée par un parent jaloux et cupide de s'être abandonnée à l'amour d'un jeune esclave, grand crime dans la caste orgueilleuse des

Jouac-Assis, et duquel il lui faut se laver par la redoutable épreuve de l'île des Caïmans.

Mais silence ! la voilà ! Elle est conduite par les sept juges qui l'ont condamnée à la fatale expérience. On leur fait place ainsi qu'à la jeune fille. Adjurée une dernière fois par eux d'avouer son forfait, elle répond simplement mais fermement que les caïmans décideront si elle est coupable.

Le chef prononce la sentence et la livre à l'*ambiache*, sorte de fonctionnaire qui est à la fois le médecin et le bourreau de la caste.

Celui-ci la prend par la main et la mène près du fleuve, en face de l'île où elle doit aborder. Un grand silence se fait dans toute la foule. Le calomniateur se dresse sur ses pieds et tient ses regards fixés sur sa victime.

Racar se tourne un moment vers ses compagnes, les embrasse avec tendresse, puis leur demande un ruban pour nouer ses cheveux qui l'empêcheraient de nager. Un fil d'écorce rouge rassemble ses longues tresses noires et les relève en chignon sur sa tête. Cela fait, elle se dépouille de son pagne, livre au regard du soleil les teintes bronzées de son admirable corps, et, nue comme Ève avant le péché, se précipite dans les ondes.

La foule ne peut retenir un frémissement d'effroi ; le calomniateur sourit.

La chute du corps a réveillé les monstres. Les voilà qui accourent en nombre. Leurs fronts et leurs dos squameux, brillants de reflets d'or et d'azur, paraissent de temps en temps à la surface des flots; ils sentent qu'une proie leur est tombée et ils se mettent à la poursuivre; mais, habile nageuse, la jeune fille les distance et gagne avant eux leur repaire, l'île couverte de joncs et désignée pour le plus fort de l'épreuve.

La foule est muette de stupeur; le calomniateur pour mieux suivre le drame abaisse la main sur ses yeux.

La jeune fille a touché le but, elle se dresse tout entière sur un tronc d'arbre penché au bord de l'île et, se montrant sauvée aux spectateurs éloignés, leur fait comprendre par un geste qu'elle va exécuter la loi dans toute sa rigueur. Puis elle plonge au milieu des monstres, et pour la saisir les caïmans disparaissent avec elle au fond du fleuve.

On la croit perdue un moment, mais elle reparaît..... Deux fois encore elle plonge et deux fois elle revient à la surface des eaux plus vivante, plus agile et plus intrépide que jamais.

Le cœur de la foule se dilate et un cri de joie unanime se fait entendre. Le calomniateur ne sourit plus.

Les trois plongeons accomplis, Racar reprend le chemin du rivage, toujours suivie des monstres, mais toujours les devançant et les tenant à l'écart par le mouvement rapide de ses mains et de ses pieds.

Enfin elle arrive, elle aborde devant ses juges, haletante, épuisée. Victoire! elle respire un instant, puis lève les mains et les yeux au ciel en reconnaissance de sa protection. Ses compagnes voilent son beau corps tout ruisselant de leurs bras enlacés. Elles la couvrent de baisers, et le peuple bat des mains en signe de joie.

Le calomniateur est sombre et ne sourit plus.

Les juges se lèvent : ils déclarent à haute voix que la jeune Racar est innocente du fait qu'on lui a imputé. Puis ils condamnent son calomniateur à lui payer une somme considérable, somme si forte qu'elle excède la valeur des troupeaux et des esclaves qu'il possède : c'est sa ruine décrétée au profit de la victime de ses mensonges.

Stupéfait, atterré, le misérable tremble de tous ses membres.

Chacun s'écarte et le fuit ; mais Racar, qui a entendu la condamnation, les cheveux et le corps tout humides de l'eau du fleuve, s'approche de lui et s'exprime en ces termes : « Parent cupide et cruel, tu as voulu mes biens et ma vie, tu as voulu plus encore, tu as tenté de me ravir l'honneur par un affreux mensonge ; va, je te pardonne ! le ciel a montré mon innocence ; cela me suffit. Je n'exige rien de toi. Garde tes biens, je te les laisse avec le remords du mal que tu m'as fait. »

L'infâme baisse la tête, il ne balbutie pas même un mot de remerciement et va cacher sa honte au fond d'un grand bois de bambous qui croît à peu de distance du fleuve.

La foule des Malgaches le laisse aller et se presse autour de la jeune fille. On l'embrasse, on la complimente de nouveau, et tous, jeunes et vieux, petits et grands, l'accompagnent comme une jeune reine dans sa rentrée au village, au bruit des conques et des tambours. Tous chantent et célèbrent à l'envi la belle héroïne de Mitasane.

O jeunesse, ô courage, ô générosité! générosité, fleur sublime de l'âme, plus rare encore que le courage, plus belle encore que la beauté !

# LES BULLES D'EAU.

Assis sur une roche qui baigne dans la mer, et autour de laquelle le flot monte et se joue, je m'amuse à contempler l'effet du mouvement des eaux. Mille et mille bulles formées par le choc des vagues couvrent quelque temps l'humide surface. Il y en a de grosses, il y en a de petites, et toutes vont, viennent, tournent, se croisent, se heurtent et disparaissent après avoir reflété un peu de temps les feux du ciel en couleurs d'or et d'azur. En les suivant des yeux dans leur apparition d'une minute, j'arrive à les comparer aux existences humaines. Que sommes-nous, en effet, dans l'immensité des choses? des bulles d'eau qui apparaissent une seconde pour s'évanouir à jamais. Mais notre souffle est-il comme l'air qui remplit un moment ces petits globes? Une fois dépouillé de son enveloppe va-t-il aussi se perdre dans le grand réservoir aérien d'où il est sorti, sans souvenir et sans individualité?

Les panthéistes le disent : ils se sont même servis de l'image des bulles formées par l'Océan pour préciser leurs idées à ce sujet. L'air, l'eau et les bulles qui naissent de leur contact ne sont que les modifications d'un seul être toujours agissant, *natura naturans*, suivant la concise expression de Spinoza. Mais le choc des bulles, leur faiblesse, leur force, leur grandeur, leur petitesse, leur développement et leur durée inégale, ils n'en tiennent pas compte. Ce sont des faits nécessaires et brutaux, s'accumulant, s'écrasant, se bousculant et se détruisant l'un l'autre..... Quant à moi, les idées de justice et de réparation pour la souffrance *des faibles et des innocents d'ici-bas* m'empêcheront toujours de tomber dans l'abime d'une substance unique, aveugle et inconsciente. — O mer, immense mer, dans ton éternel et vaste remuement fais naître à l'infini des bulles éphémères ! Si peu que je sois, je n'établirai jamais aucune ressemblance entre mon esprit et la mince portion d'air que ces petits globes contiennent. L'âme de l'homme et sa pensée seront toujours pour moi autre chose qu'une parcelle chimique de matière, un atome de force sans conscience et sans volonté !

# LE SOUPIR DU RICHE.

Tout est silencieux dans le palais d'Assan. La nuit vient d'endormir jusqu'au dernier esclave. Lui-même, étendu mollement sur les coussins de soie de son divan, il goûte les douceurs du sommeil à côté de son épouse bien-aimée, la belle Zora. Tout à coup il s'éveille comme au bruit d'un profond soupir. D'où vient-il ce soupir? Qui l'a poussé? Peut-être lui-même, au milieu des agitations d'un songe funèbre. Il se rendort, mais bientôt le bruit d'un nouveau soupir le réveille. Il se lève et, prenant la lampe qui brûle au fond d'un vase d'albâtre, il parcourt la chambre en tous sens pour voir s'il ne s'y est pas glissé quelqu'un. Personne! Il n'y a de vivant que lui et Zora dans ces lieux. Il retourne au divan et, avant de s'y recoucher, il regarde le visage charmant de celle qu'il aime. Aucune trace de chagrin ne ride ce front de quinze ans. Une haleine pure et réglée s'échappe de ses lèvres roses, et les longues franges noires de ses paupières abaissées sur ses joues reposent immobiles comme l'aile d'un corbeau endormi. Cependant, à peine Assan est-il étendu sur son lit que le soupir qu'il a cru entendre revient frapper son oreille, soupir semblable à celui d'un être humain touché de compassion. Le jeune Persan tressaille et s'écrie : « Si quelqu'un est entré dans ma demeure, Esprit du ciel ou de l'enfer, n'importe ! qu'il parle, je l'écoute. » — Aussitôt un léger souffle effleure le visage d'Assan, et ces graves et tristes paroles retentissent distinctement à son oreille. « Assan, riche Assan, n'as-tu point passé hier dans le quartier de Séré-Tchesmé, et là n'as-tu point vu une pauvre femme éplorée que des exacteurs barbares chassaient de sa maison ? Elle était sur le seuil, accroupie au milieu de quatre petits enfants nus, et, tendant la main aux passants, elle implorait leur protection contre les impitoyables agents du fisc. C'était la veuve de Souleym-Klan, mort en exil par suite des affreuses calomnies répandues contre lui dans l'oreille du grand vizir. Beaucoup avaient entendu ses plaintes, mais aucun ne s'était arrêté. En te voyant, elle n'osa pas t'importuner, mais elle te regarda d'un air si suppliant que tu fis un grand soupir et tu passas. — Eh bien ! je suis ce soupir venu du fond de ton cœur, je vis et je vivrai près de toi jusqu'à ce que tu m'anéantisses dans la joie de l'âme de cette pauvre femme. Durant le jour, tu ne m'as pas entendu à cause du bruit et du mouvement de la cité ; mais, dans l'ombre et le calme de la nuit, j'ai pensé que ma voix plus claire parviendrait à éveiller ton attention.

— O souffle de mon cœur, répondit Assan, tu as bien fait de prendre une forme et de me poursuivre de ta plainte. Sans cette grâce du ciel, tu te serais perdu sur les ailes des vents et j'eusse perdu moi-même souvenir de la cause de ton existence. Hélas ! pauvres humains, les soins de la vie et les choses du monde emportent les trois quarts de nos bonnes intentions. Nos émotions les plus vraies disparaissent souvent au chant d'un oiseau. Mais va, fils de mon cœur, je ne te laisserai pas traîner une vie pénible auprès de moi, je te replongerai dans le néant par le bonheur et le repos de la pauvre âme qui t'intéresse ; et je ne tarderai pas, car je sais que tu deviendrais pour moi comme un remords. »

Assan ne se rendormit pas. Tout le reste de la nuit il repassa dans son esprit les malheurs de la veuve. Il compara son état au sien, lui si riche, si tranquille et si heureux, elle si déchue, si inquiète, si malheureuse, d'autant plus malheureuse qu'elle avait connu le bien-être et les avantages d'un haut rang. Bientôt, elle et ses quatre petits enfants n'auront plus un morceau de pain à porter à leur bouche, un toit pour abriter leurs têtes. Puis Souleym-Klan ne fut-il pas l'ancien compagnon d'armes du père d'Assan? Aussitôt que le jour fut venu, Assan appela un de ses plus fidèles serviteurs et le chargea d'une bourse pleine d'or pour la veuve. Celle-ci bénit la main qui lui envoyait ce secours inespéré, et, satisfaisant aux exigences du fisc, elle rentra dans sa maison avec ses petits enfants. Quant au généreux donateur, aucune voix ne vint plus troubler son sommeil.

## LES DEUX VOIX.

Jeune homme, laisse-toi aller aux séductions de ma parole. Je veux avec des ciseaux d'or couper le fil léger qui retient ton âme à ton corps, et emporter cette âme sur mes ailes d'azur dans l'espace infini de l'empire des songes. Nous poursuivrons ensemble la volupté du beau, la jouissance du beau sous toutes ses formes, dans l'immense variété des scènes de la nature, dans la sainte profondeur des mystères de l'âme. Nous passerons du bruit des flots écumants au doux calme des prairies verdoyantes, de la fraîcheur des bois sombres aux magnifiques créations de la pensée et de l'art, et, enivré de tous ces spectacles, de toutes ces compréhensions, tu exprimeras avec la langue des dieux tes sublimes sensations et tes divins sentiments.

Jeune homme, n'écoute pas la voix de cette enchanteresse et refuse-toi au voyage qu'elle te propose.

Pendant ton vol aérien, tes longues rêveries, tes splendides extases, qui prendra soin des jours de ton vieux père, qui donnera du pain à ta femme et à tes enfants ? Tu n'es pas seul dans la vie. Bien des êtres faibles et sans secours n'ont que toi pour soutien. Il faut te vouer à leur protection et à leur subsistance. Perds donc de vue les promesses de la fantaisie et laboure fermement le sol de la réalité. La moisson qui jaillira de tes peines t'en récompensera amplement. Tu n'auras pas enfanté de beaux vers, mais tu auras produit de bonnes œuvres. Qui sait si le plus beau chant retentit dans l'éternité aussi longtemps que le cri d'une bonne conscience ?

# LE PORCHE DE NOTRE-DAME DE PARIS.

Un soir d'été je passais devant ce merveilleux ouvrage du treizième siècle. C'est une belle chose que cette masse de pierre qui vous parle si sérieusement par toutes ses sculptures et par l'arrangement symétrique de ses lignes, de ses saillies et de ses cavités ! C'était ainsi que s'exprimait aux regards des hommes l'architecture antique. Ses temples signifiaient quelque chose de grave et d'intéressant pour leur destinée. L'on a bien, de nos jours, orné les villes d'élégants et vastes monuments ; les uns sont utiles, les autres charment la vue, mais ils ne portent dans l'âme aucune émotion pénétrante et profonde. Les plus imposants ne racontent que les glorioles et les brutalités de la guerre.

Donc, en regardant les diverses expressions du dogme catholique figurant sur le portail de la haute cathédrale, je fus frappé de celle qui rappelait à l'esprit les derniers mots de la justice divine. Elle occupe le milieu de l'édifice et s'étale au dessus de la porte principale. Là, sous un demi-cintre formé par les têtes des bienheureux, siège le Christ, une main levée et l'autre appuyée sur sa croix. Il est entouré de sa mère, qui prie, et de quelques-uns de ses plus chers disciples. A ses pieds, un archange, une balance à la main, pèse les âmes humaines, et celles qui sont trouvées d'un bon poids sont conduites par les esprits célestes à la félicité, tandis que celles qui sont trop légères suivent à la région des tourments le vol des esprits infernaux. Plus bas, les morts sortent de leurs tombeaux et secouent la poudre terrestre à l'appel des trompettes divines. C'est la scène tant de fois répétée du jugement dernier, rendue avec vigueur et naïveté par un sculpteur du moyen âge. Elle n'est pas très vaste, cependant l'artiste a su y représenter symboliquement toute l'humanité. Dans les quarante ou cinquante figures de mortels jugés et allant les uns aux joies du paradis, les autres aux peines éternelles, il y a des hommes et des femmes de toute condition, des prêtres, des guerriers, des manants et des rois. C'est la parfaite égalité devant le bien suprême, devant Dieu ; la divine balance n'a fait aucune distinction, elle a employé les mêmes poids pour toutes les âmes qu'elle a pesées.

En voyant quel sens vrai de la justice avaient nos pères, je ne peux m'empêcher de penser combien de nos jours l'on a dévié de cette saine notion et combien les hommes de pensée qui ont la prétention de mener le monde l'ont altérée dans les âmes. Hélas! qu'ont-ils fait? ils ont inventé plusieurs balances, une pour les riches et une autre pour les gueux. Ils ont eu deux poids et deux mesures ; ils ont appelé *fautes les crimes du génie, et soutenu que la morale des gouvernants n'était pas celle des gouvernés.* De là toutes ces apologies des conquérants, des utopistes homicides, des libertins royaux et des grands maltôtiers. De là ces axiomes troublant et altérant le sens moral des masses et préparant pour l'avenir le plus triste des règnes, celui de la force.

O justice humaine, peux-tu bien t'éloigner de celle de Dieu! Quoique bornée et imparfaite ici bas, peux-tu, cependant, ne point te conformer à ta céleste origine ! Est-ce que la loi qui impose la forme sphérique aux choses matérielles n'est pas la même pour une planète que pour un grain de millet? L'esprit divin ne connait ni grandeur ni petitesse, et sa lumière, qui éclaire tout homme venant au monde, est la même au sein de l'enfant né sur la paille qu'au cœur de celui qui repose dans un berceau d'or et sur des langes de pourpre.

# L'HERBE D'OR.

Sur une des pentes du Liban couvertes de fin gazon, entre les rocs ardus et sous l'ombrage de grands chênes, un jeune berger menait paître ses chèvres. Le soleil commençait à monter dans le ciel, et ses rayons perçant les feuillages faisaient étinceler les perles de la rosée sur les vertes fougères. Mille petites fleurs émaillaient la verdure et remplissaient l'air de délicats arômes. Le pâtre avançait lentement le long du chemin sinueux, lorsque son chien, poussant un ou deux abois, lui marqua qu'il venait de découvrir quelque chose. En effet, à quelques pas de lui et un peu en avant, il vit une masse blanche étendue à terre. Un homme, jeune encore, en burnous et culotte de laine, gisait là sans faire aucun mouvement. Son visage était pâle, ses yeux fermés, sa bouche entr'ouverte. Il paraissait plutôt mort qu'endormi. Le pâtre s'approcha de lui et, saisissant une de ses mains, il y sentit encore un peu de chaleur à la peau. Il fit aussitôt tomber de sa gourde quelques gouttes d'eau sur le visage de l'inconnu. Le froid de l'eau fit son effet, et bientôt le moribond rouvrit les yeux. Dès qu'il fut mis sur son séant et qu'il put parler, le chevrier lui demanda s'il n'était pas blessé. Le jeune homme lui répondit qu'il n'avait aucune blessure, mais qu'il était exténué de fatigue et qu'il se mourait de faim. Le pâtre n'avait que des dattes dans sa panetière; il lui en donna quelques-unes. Tandis que ce pauvre homme reprenait des forces, un vieux prêtre maronite vint à passer sur son âne. Il descendait de son couvent, haut situé dans la montagne, pour aller à la provision. Tout naturellement il s'arrêta et s'informa de ce qui venait d'arriver. On lui raconta le fait. Alors, ému de compassion, comme le bon samaritain, il pria le berger de l'aider à mettre ce jeune homme sur son âne, et, le soutenant de sa main après avoir tourné bride, il reprit le route du couvent, non sans louer beaucoup le gardeur de chèvres de sa charité. Après avoir déposé l'inconnu dans la partie du monastère réservée aux étrangers, et l'avoir recommandé aux soins des frères, le vieux prêtre redescendit la montagne pour remplir les devoirs de sa charge.

Le lendemain il alla voir le pauvre inconnu. Il le trouva bien refait et reposé et lui demanda de quel pays il était, quelle avait été la cause de sa grande défaillance. Celui-ci lui répondit ainsi : « Je me nomme Tsalla-Brahim, je suis égyptien de naissance et j'arrive du Caire. Tisserand de mon état, je me suis lassé un jour de faire courir la navette et j'ai eu des rêves de plaisir et de richesse. Mais comment arriver à la fortune avec rapidité et pendant le temps de la jeunesse, afin de pouvoir jouir des biens qu'elle procure? par le vol, par l'infamie, la délation et le meurtre? j'étais trop honnête pour prendre cette voie, et trop clairvoyant pour ne pas voir qu'elle mène toujours l'homme à sa perte. Grand était mon embarras. Un vieux cophte de ma connaissance, fort savant et s'occupant beaucoup de magie, crut m'en tirer en me disant qu'il avait lu dans un livre arabe que dans les vallées du Liban il existait une herbe merveilleuse dont les propriétés étaient extraordinaires. Le jour, elle n'était pas reconnaissable, elle se confondait avec les autres herbes, mais la nuit elle brillait comme une lumière. Quand on appliquait une de ses feuilles sur quelque métal que ce fût, le fer, le cuivre, le plomb ou l'étain, le métal devenait or. Les feuilles avaient la forme d'un trèfle, et l'herbe ne croissait nulle part ailleurs que dans le Liban. Je me bâtis tout de suite une fortune sur cette découverte. Je vendis le peu que j'avais et partis seul et à pied pour le pays de la plante merveilleuse. Arrivé en Syrie, je parcourus de nuit toutes les vallées et les cimes de cette chaîne de montagnes appelée Liban. Mais, hélas! j'eus beau chercher, je ne pus jamais rencontrer l'objet de mes désirs. Les ombres nocturnes, les orages, la crainte des brigands, la peur des animaux féroces, ne purent arrêter mes pas. Le jour, je dormais, pour pouvoir mieux courir la nuit. J'usai cependant mes forces et mes provisions dans cette continuelle poursuite; et un matin, épuisé de fatigue et de faim, je tombai sans connaissance dans l'endroit où le chevrier et vous, mon père, m'avez trouvé. Je remercie Allah d'avoir dirigé vos pas de mon côté, car bien certainement la mort faisait de moi sa victime.

—Mon fils, lui répondit le vieux prêtre, que de peines tu as éprouvées et que de temps tu as perdu pour courir après une chimère! Tu as été induit en erreur par ta propre cupidité. Loin de prendre à la lettre la légende de ton ami, il fallait en mieux comprendre le sens. Cette herbe qu'on n'aperçoit pas le jour et qui brille la nuit, cette herbe qui change tout ce qu'elle touche en or, cette herbe qui croît dans les solitudes des montagnes, c'est l'image de la patience. Le bonheur, les heureux dons de la fortune, obscurcissent sa vertu; mais la nuit, c'est-à-dire le chagrin, la misère, les trahisons, en un mot les peines de la vie, la font briller d'un éclat suprême. Unie au travail et à l'intelligence, elle est une source abondante de richesses et convertit tout en or. On la trouve quelquefois dans le monde, mais plus souvent encore dans les lieux solitaires qu'habitent les hommes consacrés au service de Dieu. C'est sur une montagne, du haut d'une croix sanglante et en proie aux affres de la mort, que le divin fils de Marie l'enseigna aux hommes. Mon fils, j'espère que tes fatigues et tes dangers t'auront profité, et qu'en poursuivant une illusion tu auras acquis plus de sagesse. Retourne en ton pays, reprends l'état dans lequel tu es habile, et si tu pratiques la vertu qui t'a manqué un moment ; si tu sais être patient, tu pourras arriver à un meilleur sort. »

Tsalla-Brahim était intelligent; il comprit sa faute et l'enseignement du bon maronite. Après quelques jours de repos, muni de vivres et d'argent, il quitta les montagnes du Liban et regagna l'Égypte et le Caire, où il reprit son premier état. Plus courageux, plus sensé, il y déploya de l'activité. Peu à peu le nombre de ses métiers augmenta, et, d'année en année ses travaux prenant de l'importance, il devint propriétaire et directeur d'une grande fabrique de toile. Cette industrie lui rapporta une belle fortune. Il eut un palais splendide au bord du Nil ; mais dans sa construction il n'oublia pas la source de sa richesse. Au plafond de chaque salle on voyait briller une herbe d'or aux feuilles de trèfle, autour de laquelle se jouaient capricieusement des caractères arabes signifiant cette sentence du Coran : *Ceux-là tiennent la bonne voie qui se conduisent patiemment dans l'adversité et les peines de la vie.*

# LA PIERRE GRAVÉE.

« Achetez-moi cet onyx, seigneur étranger, je vous le laisse pour trois écus. C'est une pierre merveilleusement travaillée et qui est fort curieuse. »

Je pris la pierre et l'examinant j'y vis un sujet antique traité avec beaucoup d'habileté. Quel était le Pyrgotèles qui l'avait conçu et exécuté?

Sur le sommet d'une demi-sphère étoilée de fleurs et entourée d'un serpent se mordant la queue, un génie ailé était assis sur le dos d'un lion qu'il tenait en bride.

Ce petit amour portait un flambeau ardent; il regardait le ciel et semblait tirer en haut la tête chevelue de l'animal.

« Que signifie ce symbole, dis-je au marchand?

— Seigneur étranger, je suis trop ignorant pour vous le dire, mais un vieux prêtre de mes amis m'a assuré que c'était là l'emblème de notre monde. »

Je pris dans ma bourse trois écus, et, les mettant dans

la main du vendeur d'antiquités, je m'emparai de la pierre précieuse.

Plus je la regardais, plus il me semblait que le vieux prêtre en avait deviné le sens.

Cette demi-sphère et le serpent l'étreignant de ses anneaux cachés sous les fleurs, n'était-ce pas notre habitation terrestre où la douleur apparait toujours à travers les plaisirs de la vie ?

Et ce génie ailé, n'était-ce pas l'âme humaine tenant en bride la bête féroce, les instincts brutaux, sauvages, et s'efforçant, trop souvent en vain, de les diriger vers le ciel et de les épurer au feu du divin amour ?

Oui, cet onyx merveilleux était l'ouvrage non seulement d'un habile artiste mais encore d'un vrai philosophe ; je ne regrettai pas les trois écus donnés pour cet achat.

Je me promis au contraire de le faire monter sur un anneau d'or le plus tôt possible, et de le porter à mon doigt comme un rappel continuel au devoir céleste.

# UN TABLEAU DU TITIEN.

A Rome, dans la galerie du cardinal Sciarra, il existe un superbe tableau du grand maître de Venise, connu sous cette dénomination : l'amour sacré et l'amour profane. C'est une allégorie pleine de charme et de magnificence. Deux jeunes femmes sont auprès d'une fontaine de marbre à la cuve toute remplie d'eau et aux flancs extérieurs ornés de sculptures. Celle qui est à la gauche du spectateur et qui se tient assise sur les bords de la margelle est vêtue d'un riche costume de femme italien du seizième siècle. Ses beaux cheveux d'un ton roux d'or sont arrangés avec art sur son front. Des joyaux brillent à son cou. Sa figure est belle, animée, et ses yeux semblent chercher dans l'espace la venue de quelqu'un. Une de ses mains est gantée, l'autre est nue et tient une rose que le vent effeuille. Derrière elle, au milieu de la cuve, un enfant plonge son bras dans l'onde et en trouble la limpidité. A droite, la seconde femme, aussi belle que la première et les cheveux déroulés au vent, est presque entièrement nue. Elle élève vers le ciel dans une de ses mains une cassolette fumante et semble dire à sa compagne : voilà où nos vœux et nos désirs doivent tendre. Quant au fond du tableau, il représente un charmant paysage, une campagne parsemée de bouquets de bois où des chasseurs se livrent avec ardeur au plaisir de la chasse. La première de ces deux belles jeunes femmes m'a paru symboliser justement l'amour profane. En effet, la richesse de ses accoutrements indique les armes de la coquetterie. La rose que le vent effeuille signifie la courte durée du plaisir, et l'enfant qui trouble l'eau est l'image gracieuse des inquiétudes et des soucis qui empoisonnent l'amour terrestre. Sa compagne, au contraire, est la personnification de cet amour pur et sans voile qui n'a besoin d'aucun art pour se manifester, et qui, les yeux toujours tournés vers l'azur, brûle pour son roi d'une éternelle flamme, c'est l'amour céleste. Qui verra ce beau tableau, qui en admirera les nobles formes et la puissante couleur, qui réfléchira surtout sur le sens de la composition ne pourra s'empêcher de s'écrier :

O maître de Venise, tu es auss bon philosophe que grand peintre ! Tu as parfaitement compris la différence qu'il y a entre le vrai but de notre âme et la fausse poursuite des sens et de la vanité. C'est après le bonheur que les mortels soupirent, c'est lui que jusqu'au dernier jour ils recherchent, mais combien s'égarent dans leur course, combien prennent l'ombre pour la réalité, le plaisir pour le bonheur! L'un voit la gloire briller devant lui et se précipite sur ses pas. Il croit cueillir avec les palmes de la renommée les roses du bonheur, mais il n'arrive au but de ses désirs qu'à travers mille souffrances, et, quand il y touche, il découvre tout ce qu'il y a de creux dans le bruit d'un nom répété. Un autre s'imagine que la puissance est une coupe de félicités, et il plonge ses lèvres au flot trompeur. Alors il aperçoit dans le miroir de l'onde tant de richesses, tant d'honneurs, tant de hochets d'or et d'argent qu'il ne peut s'en détacher, et plus il boit, plus la soif augmente, jusqu'au moment où, passant près de lui, la Fortune brise d'un revers de main le vase magique et le laisse en proie au désespoir et à l'isolement cruel. Enfin, l'amour avec ses enivrements est l'attrait et le désir du plus grand nombre. Mais hélas! quelle déception! Il est vrai que d'abord rien n'est plus doux que l'extase de deux jeunes cœurs qui se donnent l'un à l'autre et jurent de s'aimer jusqu'à la mort. Mais combien peu de jours durent ces délices! Les inquiétudes, les soupçons, la jalousie, arrivent bien vite en empoisonner le miel. C'est une fièvre continuelle. Jamais de repos, jamais un niveau parfait d'affection. Quand l'un aime beaucoup, l'autre aime moins; quand l'un aime encore, l'autre n'aime déjà plus. L'amour terrestre n'a donc qu'un moment, un moment bien court ; ce n'est qu'un plaisir sublime. Le bonheur, au contraire, est durable. Il est plein de simplicité, de pureté et de calme, et rien ne le donne ici-bas, si ce n'est l'amour céleste, c'est-à-dire l'amour de Dieu. Demandez à un Newton venant de trouver la loi de la gravitation, ou à un Raphaël sortant de peindre le tableau de la *Madone de saint Sixte*, si leur bonheur est comparable à celui qu'on éprouve en recevant un titre ou une fortune ; demandez à l'homme qui vient de sauver son semblable si la volupté qui inonde son âme est inférieure à la saveur d'un baiser ; demandez à une pieuse femme perdue dans la contemplation des perfections divines si son ravissement est égal au plaisir que donne le goût d'un fruit exquis. Ils vous diront que leur bonheur est infiniment au-dessus de tous les autres, qu'il est calme, sans mélange d'inquiétude et de crainte, pur comme l'azur d'un ciel sans nuage, et qu'il laisse en leur âme une trace si vivante et si profonde qu'elle ne s'en ira pas même au souffle de la mort.

ÉVOCATION.

—

Le ciel était gris, pluvieux ; toute la journée j'avais erré dans la ville en proie à la tristesse. Près de l'une de ses portes, à son extrémité, je passai devant la chapelle d'un couvent de femmes. La porte était ouverte. J'y entrai comme dans un refuge. Personne à l'église, le jour baissait, je m'assis sur un banc, et là, dans le silence et la pénombre, je me laissai aller à une rêverie profonde. Tout à coup des voix retentirent en chœur derrière la grille du cloître. C'étaient les religieuses du couvent qui venaient chanter le salut. La musique militaire et la musique sacrée sont les deux expressions harmoniques qui m'ont toujours produit le plus d'effet, la musique religieuse surtout avec ses phrases larges et simples. Cette fois, soit disposition d'esprit, soit la qualité des voix, et il y en a souvent de très belles dans les pays du midi, le chant des sœurs me parut céleste. Nul être n'apparaissant dans le sanctuaire, on eût dit que la voûte du temple était entr'ouverte et que les accents descendaient des profondeurs de l'empyrée. C'était un véritable concert d'anges abaissant leurs ailes de feu devant le saint des saints et célébrant sa gloire. Il m'est impossible de décrire les sensations délicieuses que me fit éprouver ce chœur de nonnes, tout le temps qu'il dura ; ce que je n'ai pas oublié c'est que le souvenir de ma mère vint se mêler à cette harmonie, et que son gracieux fantôme se remontrant à mon esprit, j'eus un vif désir, celui de pouvoir me bercer avec elle, dans le monde invisible, au bruit tendre et léger de pareils accords. Esprit pur, m'écriai-je, toi dont la voix si douce m'était plus douce encore que toutes ces voix, puisse l'Éternel, dans le sein duquel tu reposes depuis longtemps, te récompenser au centuple des peines d'ici-bas ! Puisses-tu me pardonner mes moments d'égoïsme, mes emportements, mes difficultés de caractère ! Puisse surtout, à mesure que j'avance vers le terme de la vie, la mémoire de tes vertus se maintenir et briller au fond de mon cœur ! Hélas ! la fin de la route est peut-être aux pieds du voyageur plus scabreuse et plus difficile que le commencement ; tant de mécomptes, tant de désespérances sont venus l'assaillir ! Plus que jamais il a besoin de croire au bien pour ne point laisser aller son âme à la dérive. Noble et tendre femme, dont les sages avis me firent éviter tant d'écueils, enseigne-moi encore les grâces viriles de la résignation aux jours crépusculaires de l'âge, et toi, qui supportas la mort avec un si ferme courage, apprends-moi, lorsque l'heure fatale arrivera pour moi, à franchir dignement et simplement le terrible passage. Voilà ce que ma pensée murmurait au dedans de moi pendant les expansions mélodieuses du chant sacré. Quand il eut cessé, je restai longtemps la tête appuyée dans les mains et plongé dans une méditation sur ma destinée, sur celle des êtres chers et perdus et sur Dieu. Je ne sais combien de temps aurait duré mon absorption, si elle n'eût pas été interrompue par la voix du sacristain qui vint m'avertir qu'on allait fermer l'église. Je me levai et sortis. — En regagnant ma demeure, je réfléchissais aux sensations que je venais d'éprouver, au grand pouvoir des effluves musicales et à l'espèce d'évocation qu'elles avaient amenée, et mieux que jamais je comprenais ces paroles tristement profondes, mais non sans consolation, de Beethoven : Je n'ai pas d'amis, je suis seul avec moi-même, mais je sens que dans mon art Dieu est plus proche de moi que des autres.

# LE PAGE D'ALEXANDRE LE GRAND.

Le roi de Macédoine faisait un sacrifice aux dieux dans le temple de Persépolis. Douze jeunes pages entouraient l'autel, portant à la main une torche enflammée. La victime venait d'être immolée par les prêtres, et le roi, recevant son sang dans une coupe, montait les degrés pour la répandre sur l'autel placé au pied de la divinité. En ce moment solennel, un des jeunes enfants, soit qu'il tînt mal sa torche, soit que la cire en fût de mauvaise qualité, eut la main et l'avant-bras tout brûlés par un des brandons en fusion. Quelle que fût sa douleur, il n'en resta pas moins en place et ne jeta pas un seul cri. Il aima mieux supporter sa souffrance que d'interrompre le sacrifice. Après la cérémonie, le roi, informé de la conduite héroïque de l'enfant, fit venir son médecin et lui commanda de prendre bien soin du jeune blessé. Il loua hautement sa fermeté d'âme et sa piété, et lui promit pour récompense, après sa guérison, une belle tunique de pourpre toute brochée d'or.

Certes, cet enfant est encore plus admirable que le petit Spartiate qui, ayant dérobé un renard et l'ayant caché sous sa robe, se laissait déchirer le ventre sans plaintes et sans cris, plutôt que de trahir son vol. Son action est aussi courageuse et infiniment plus noble. Imitons-le dans son silence et sa piété!

Quand les peines de la vie nous déchirent le cœur, supportons-les bravement, et sous leurs coups affreux n'interrompons pas et ne troublons point nos devoirs et nos travaux, qui sont, eux aussi, le grand sacrifice de l'âme humaine aux volontés de Dieu!

# LE PONT DE BOUSSAY.

L'avant-garde de l'armée de Canclaux est en pleine déroute, elle a été coupée, détachée du corps principal par trente mille Vendéens venus de Chollet et de Beaupréau. Il semble sortir des hommes de dessous terre. Les buissons, les haies, les plis de terrain en vomissent. De tout côté, les cocardes blanches et les brassards blancs étincellent ; de tout côté la fusillade crépite, le canon tonne ; de tout côté le sol se couvre de morts et de blessés. Les républicains ploient, reculent ; ils sont entamés, troués, cernés ; c'est un carnage affreux. Au milieu de la mêlée, un homme à cheval, de haute stature, un jeune hercule, un vrai dieu de la guerre, les cheveux aux vents, la cravate lâchée, l'uniforme à demi déboutonné, entr'ouvert, et l'épée à la main, s'agite, court et s'écrie : « N'êtes-vous plus les hommes de Mayence ? Soldats, en avant ! vive la République ! » et, prêchant d'exemple, il se précipite au plus fort de l'action. Deux fois il a rallié les troupes et rétabli le combat ; mais les Vendéens, de minute en minute, augmentent en nombre, et leur valeur, égale à celle des républicains, ne peut manquer de l'emporter. Que faire? Battre en retraite derrière la Sèvre, la mettre entre soi et l'ennemi, c'est pénible, c'est honteux, mais il le faut, si l'on ne veut pas être pris ou haché jusqu'au dernier homme. Kléber a compris la position. Le pont de Boussay, le seul passage sur la rivière, est son point de mire, et à tout prix il faut qu'il possède cette issue. Il se dirige donc vers un bataillon de chasseurs, dont le chef, le sabre nu sous le bras, est en train de resserrer les files entamées par le feu de l'ennemi. « Commandant Shwardin, dit-il du haut de son cheval, tu vas te porter tout de suite au pont de Boussay avec tes hommes, » et, accentuant l'ordre, il ajoute : « Tu t'y établiras pour en défendre l'entrée, tu seras tué, mais tu sauveras tes camarades. — Oui, mon général », répond l'officier d'un ton ferme et laconique, et, mettant l'arme au poing et son bataillon au pas de course, il se rend à travers le feu des *blancs* au poste désigné.

Ce qui avait été dit fut fait. Shwardin, habilement, opiniâtrement, soutint avec sa troupe l'effort acharné des Vendéens. Les débris ralliés de la colonne républicaine passèrent la rivière, mais lui, il n'eut pas ce bonheur. Il avait exécuté héroïquement jusqu'au bout sa consigne; il était tombé criblé de balles... Qu'importe sa vie! l'armée des *bleus* était sauve, et avec elle l'égalité; car, quoique les Vendéens fussent de vrais lions et combattissent justement pour leur foi menacée et leurs foyers envahis, ils étaient les soldats du privilège.

## SUR L'ÉRIÉ.

———

On était parti de Détroit avec le beau temps; les ondes du lac se déroulaient avec majesté et reflétaient en paix l'azur du ciel. Le navire, sous son panache de fumée, fouettait vigoureusement les eaux de ses roues brillantes. Dans l'entrepont, ce n'étaient que repos somnolent, causeries et *flirtage*. On avait déjà dépassé Chatham et l'on espérait atteindre Buffalo avant le soir. Rien ne faisait craindre le moindre accident, soupçonner le moindre retard. On naviguait sous la garde d'un capitaine expérimenté et sous la direction du brave Jean Maynard, le meilleur pilote des bateaux du lac. Tout à coup, le capitaine voit de son banc de quart une épaisse fumée se lever du bas du vaisseau et crie à un de ses matelots d'aller voir ce qui arrive. Le jeune homme court et revient dire, le front blanc comme un linge, que le bâtiment est en feu.

Au feu! au feu! crie-t-on de toute part, et voilà tout le monde des passagers inquiet, bouleversé et tremblant sur le pont. Chacun se met à l'œuvre. Tout ce qu'il y a de seaux à bord est en jeu, plongé dans le lac et versé sur la partie qui recèle l'incendie; mais on a beau faire, la cale brûle toujours, et le feu, alimenté par la grande quantité de goudron et de résine qui s'y trouve, redouble de fureur.

Alors le capitaine crie à Jean Maynard : « Combien y a-t-il d'ici à Buffalo?

— Sept milles, capitaine, répond le pilote.

— Dans combien de temps pouvons-nous y être?

— En trois quarts d'heure, si nous avons la même vitesse. »

Comme il n'y a pas sur le steamer de chaloupe de sauvetage, le capitaine fait passer tous les passagers épouvantés à l'avant. Le pilote seul reste au gouvernail; les flammes cependant continuent à crépiter sous les planches et leur épaisse et noire fumée entoure le vieux marin, au point même qu'on ne peut plus le distinguer.

Le capitaine prend son porte-voix et lui crie :

« Jean Maynard, êtes-vous au gouvernail?

— Oui.

— De quel côté va le navire?

— Au sud-est.

— Gouvernez au sud et gagnez la rive. »

Quelques instants plus tard, le capitaine reprend de

nouveau : « Pouvez-vous tenir encore à la roue cinq minutes? — Oui, avec le secours de Dieu. »

Mais les flammes ont percé les planches. Elles atteignent le pilote. Ses vêtements, ses cheveux grillent ; une de ses mains est hors de service. Cependant, le genou sur l'estrade, la main valide et même les dents attachées à la roue, le vieillard maintient le gouvernail et demeure à son poste.

Enfin, au milieu d'une angoisse impossible à décrire, le steamer aborde la côte, l'équipage est sauvé, mais Jean Maynard est tombé mort dans les flammes.

O nouveau Cynégire, non moins grand que le premier, que ton nom soit béni et sauvé sur terre, pour l'exemple des hommes, du grand flot de l'oubli!

# LA FONTAINE DE BIMINI.

Sur un des rivages de la mer Atlantique, un capitaine fait charger un navire d'armes et de provisions de bouche.

### UN VIEILLARD.

Où vas-tu, chevalier?

### LE CAPITAINE.

Je vais tâcher de trouver le bonheur des hommes, l'eau qui donne la *jeunesse*.

### LE VIEILLARD (*soupirant*).

Oh! la jeunesse! la jeunesse!

### LE CAPITAINE.

Oui, la jeunesse et avec elle la beauté et la force.

LE VIEILLARD.

Et où se trouve cette eau merveilleuse ?

LE CAPITAINE.

Dans la fontaine de Bimini.

LE VIEILLARD.

Mais cette fontaine, elle-même, où est-elle ?

LE CAPITAINE.

Dans les contrées occidentales de la partie du monde que nous habitons, au milieu des noires forêts qui les couvrent et parmi les êtres redoutables et féroces qui les défendent.

LE VIEILLARD.

Il est beau de travailler au bien de l'humanité au risque de sa vie. L'entreprise est rude, chevalier, mais bonne chance et courage ! Adieu et au revoir !

C'est ainsi que parlait un vieil Espagnol de Porto Rico, un ancien compagnon de Colomb, à l'adelantador, Pons de Léon, qui, accompagné d'une centaine de jeunes hommes vigoureux et hardis, allait quitter la colonie sur une caravelle bien armée, et s'enfoncer dans l'intérieur des Florides, à la recherche de la merveilleuse fontaine.

Il partit, le chevalier, plein de force et d'espérance, et fut deux ans à fouiller la terre inconnue dans sa longueur et dans sa largeur. Il s'arrêta à toutes les sources, but de toutes les eaux et ne rencontra pas ce qu'il cherchait.

Quand il interrogeait les naturels du pays qu'il parcourait, quelques anciens lui disaient : Nous avons entendu nos pères parler de cette fontaine, mais nous ne l'avons jamais vue; elle n'est pas ici, mais plus loin, plus loin.

Et il allait toujours en s'éloignant des bords où il avait débarqué, combattant les hommes, les animaux, la nature, supportant la faim, la soif, les pluies torrentielles, les morsures des insectes et des bêtes venimeuses, et laissant sur sa route plus d'un cadavre de ses jeunes compagnons.

N'importe ! il allait. Enfin, dans une lutte avec une tribu de sauvages qui lui barraient le chemin, il tombe percé d'une flèche et expire. — Le chevalier mort, on renonça à son entreprise, et ce qui restait de la troupe rapporta son corps à Porto Rico, à travers mille dangers et avec les plus grandes fatigues.

Quand la caravelle entra dans le port, tous les Espagnols de la colonie se précipitèrent à sa rencontre en s'écriant : Ah ! notre brave adelantador, le voilà de retour, gloire ! gloire à lui !

— Oui, répondirent les pauvres marins qui portaient

la bière sur leurs épaules, le voilà revenu, mais non vivant. Il est mort en combattant les misérables possesseurs de la terre sauvage.

— Et la fontaine de Bimini, crièrent tous les assistants, hommes et femmes, les femmes surtout, a-t-il trouvé l'eau merveilleuse ?

— Oui, mes amis, répondit le plus vieux et le plus sage de la troupe, il l'a trouvée, car en découvrant d'immenses pays et en y plantant la bannière d'Espagne, il a acquis ici-bas une impérissable gloire et dans les cieux la jeunesse éternelle des martyrs et des braves.

# L'ASCENSION DE NIMROUD.

### LÉGENDE ORIENTALE.

---

Nimroud a fait construire un pavillon d'or et de soie avec quatre ouvertures, l'une au nord, l'autre au sud, l'autre à l'orient, l'autre à l'occident. A la base, il a fait attacher quatre aigles mâles de la plus grande force, et à chaque coin du pavillon, et au-dessus de la tête des aigles, il a fait suspendre quatre morceaux de chair saignante.

Le sultan s'y assied, les jambes croisées, sur un divan de pourpre. A ses lèvres est le tuyau d'ambre de son houka; à son côté pendent son arc et son carquois plein de flèches; à ses pieds, les jambes croisées et les mains jointes, est pareillement assis son vizir, le ministre de ses volontés.

Les quatre aigles voulant atteindre la proie suspendue au-dessus de leurs têtes battent de l'aile, soulèvent la tente et emportent Nimroud dans les airs.

A une grande hauteur, le sultan s'écrie : Vizir, dis-moi où est la terre, dis-moi où est le ciel. Le vizir ouvre la première fenêtre et répond : Sultan, la terre ressemble à la coupole d'étain de votre palais, mais le ciel est encore bien loin. — Les aigles battent de l'aile et enlèvent la tente de Nimroud dans les airs.

A une plus grande hauteur, le sultan dit : Vizir, où est la terre, où est le ciel ? Le vizir ouvre la seconde fenêtre et s'écrie : La terre est grosse comme une orange, le ciel toujours aussi loin ! — Les aigles battent de l'aile et enlèvent toujours la tente de Nimroud dans les airs.

A une plus grande hauteur, le sultan dit : Vizir, où est la terre, où est le ciel ? Le vizir ouvre la troisième fenêtre et répond : La terre est grosse comme un grain de poussière, le ciel, toujours aussi loin ! — Les aigles battent de l'aile et enlèvent toujours la tente de Nimroud dans les airs.

A une plus grande hauteur, le sultan dit : Vizir, où est la terre, où est le ciel ? Le vizir ouvre la quatrième fenêtre et répond : La terre, on ne la voit plus, le ciel, toujours aussi loin !

Vizir, dit le sultan, donne-moi mon arc et mon carquois. Le vizir détache l'arc et le carquois de l'endroit où ils pendent et les présente au sultan. Celui-ci prend une flèche, tend son arc et se penchant à la fenêtre s'écrie : A Dieu !

Aussitôt de larges, de rouges gouttes de sang tombent du ciel, le tonnerre retentit, la foudre éclate, le pavillon se brise et l'orgueilleux Nimroud est précipité sur la terre.

O race de Japhet, race audacieuse et superbe, qui, ivre de tant de conquêtes, essaies encore de nos jours celle de l'air, souviens-toi de la légende du poète oriental !

Ne fais pas plus que tu ne peux et, surtout dans tes triomphes et tes élévations, ne lance jamais de flèches au créateur, ton souverain père, ton Dieu ! Il t'en arriverait certainement malheur.

## LE MIRACLE DES ROSES.

### LÉGENDE CHRÉTIENNE.

« Je porte en moi une tristesse mortelle, je me sens glacé jusqu'au fond de l'âme. En rentrant ce soir à Césarée, et voyant la ville en proie aux souffles de Borée et toute couverte de neige, j'ai éprouvé un grand malaise et j'aurais voulu m'enfuir aux pays d'un éternel printemps. »

Ainsi disait un jeune scribe, du nom de Théophile, assis près d'un brasier à demi éteint, dans une petite chambre d'une jolie maison du quartier de Mercure. Il tenait à la main un papyrus qu'il déroulait aux lueurs vacillantes d'une lampe posée sur un trépied de bronze. Mais c'était en vain qu'il y fixait les yeux, son esprit était entraîné ailleurs.

« Le printemps, le printemps, quelle divine saison ! Ah ! elle était bien douce pour moi, quand revenue avec ses richesses, au milieu des vertes prairies et des bois ombreux qui entourent la ville, nous allions, de bon matin, Dorothée et moi, cueillir des violettes et des roses.

« Du même âge et de la même taille, nés de parents voisins et amis, nous nous croyions destinés l'un à l'autre, nous ne nous quittions guère, et lorsqu'on nous regardait passer, nos corbeilles au bras et nous tenant par la main, on ne manquait pas de dire : Voilà Daphnis et Chloé qui vont honorer les déesses champêtres dans leurs beaux sanctuaires de verdure.

« Ces temps heureux ne sont plus. Dorothée, ma chère Dorothée, est partie à jamais. Pauvre enfant ! un Dieu jaloux est entré dans son âme, s'en est rendu maître, et l'absorbant jour et nuit, la prenant pour lui seul, l'a enlevée aux caresses de ses parents, aux embrassements de ses amis et à mon tendre amour.

« Malgré mes conseils, mes prières, mes supplications, elle s'est laissée séduire par la foi nouvelle, et cette foi étrange, austère, incompréhensible, venue de udée, elle l'a préférée à la sienne, à celle de sa mère et de sa patrie, et elle l'a confessée héroïquement par la mort sanglante du martyre.

« Oh ! chère victime, il me semble encore t'entendre me dire en marchant au supplice : Théophile, laisse là tes poètes, tes philosophes et tes livres ! et, me montrant la croix de bois que tu baisais avec ardeur, ajouter : Voilà la vraie sagesse, la seule science, le seul bonheur !

« Et, cherchant à m'entraîner, tu t'écriais encore : Viens avec moi, viens, mon ami ! nous cueillerons ensemble les fleurs du ciel. Théophile, Théophile, il y a là-haut des roses qui ne se flétrissent jamais.

« Je pleurais, je sanglotais, je ne pouvais détacher mes mains des tiennes, et cependant j'hésitais à te suivre. Je t'aimais de tout mon cœur, mais non point plus que ma vie, et je te laissai seule aller à la mort et tomber sous la hache de féroces licteurs.

« Ai-je été lâche ? oui, je me le suis dit cent fois, et pourtant pouvais-je me précipiter avec toi dans la mort, moi qui ne croyais pas à une autre existence, moi qui pense encore que tout est fini pour nous avec la vie et qu'il n'y a que *les vivants qui se souviennent et peuvent se souvenir de ceux qui ne sont plus.*

« Dorothée, Dorothée ! depuis ta perte cruelle, mon âme est toujours agitée, pleine de tristesse et de remords. Sans toi tout me paraît vide et indigne d'action : à quoi bon les enchantements de la poésie, les sons de la lyre, les gains du travail, si tu n'en partages pas le fruit et le plaisir ? »

Et remettant son papyrus roulé dans un coffre d'ébène, il se lève et se dirige vers sa couche pour s'y étendre. Mais, ô surprise ! que trouve-t-il sur l'oreiller même de son lit? Trois roses posées délicatement, du plus bel incarnat et toutes fraîches cueillies.

Stupéfait, il recule de quelques pas, puis s'approchant des fleurs, il les prend, les porte à ses narines et se convainc qu'il n'est pas le jouet d'une illusion. Ce sont bien des roses et des roses magnifiques, comme il n'en éclot qu'au vert printemps, et d'une odeur si suave, si fine, si pénétrante, qu'il n'en a jamais senti de pareille.

Il appelle son esclave, l'interroge, mais l'enfant lui répond que personne n'est entré dans la chambre depuis la sortie du maître, et qu'il ignore tout à fait d'où viennent ces roses qui n'étaient point là ce matin, ni même ce soir, et il s'éloigne.

Confondu, bouleversé, il se promène à grands pas dans sa chambre et cherche une explication à cette apparition mystérieuse ; il se demande si l'esclave n'a pas menti et s'il n'est pas l'agent secret de quelque dame de Césarée qui aurait remarqué sa jeunesse. Mais, depuis de la mort de son amie, il vit solitaire, il ne voit personne ; et d'ailleurs on est en plein hiver, il faudrait un prodige des dieux pour enfanter de telles fleurs.

A force de rêver, la fatigue le saisit, il soulève les couvertures de son lit et s'y étend, les roses dans ses mains, la pensée toujours occupée de son étrange trouvaille et murmurant de temps à autre le nom de Dorothée.

Enfin, le sommeil lui clôt les paupières, il dort; mais vers la fin de la nuit voilà que la jeune martyre lui apparaît en songe. Il la voit plus belle et plus radieuse qu'elle n'était de son vivant. Elle est vêtue de blanc; un nimbe de feu couronne sa tête et ses bras croisés sur sa poitrine y retiennent encore des roses.

« Théophile, s'écrie-t-elle, c'est moi, qui t'ai envoyé du ciel les trois fleurs que tu as trouvées sur ta couche c'est moi qui viens t'en apporter encore d'autres pour te prouver que près de Dieu *on se souvient et on s'occupe des âmes que l'on a aimées sur la terre.* »

Théophile, tout ému de cette vision céleste, se réveille en sursaut, il tend les bras comme pour retenir l'adorable fantôme, mais il ne saisit que le vide. Cependant une trace reste de son passage, c'est une traînée de roses aussi belles et aussi odorantes que les premières.

A ce nouveau prodige, le jeune homme sent son esprit chanceler. Sa raison s'humilie; le voile de l'incrédulité tombe de ses paupières, et il s'écrie : « O Christ, tu as vaincu, je te connais, je te comprends! ô Dorothée, j'ai soif de te revoir et d'être avec toi auprès de notre père céleste! »

Et aussitôt il s'élance hors de sa chambre, et sans prendre même la peine de jeter un manteau sur ses épaules, il quitte sa maison, traverse rapidement les rues désertes et, arrivé sur une des places de la ville, où se dresse la statue du fils de Maïa et de Jupiter, il monte sur le piédestal qui la soutient et cherche de toutes ses forces à l'ébranler et la renverser par terre.

Quelques paysans venus du dehors et apportant leurs denrées au marché de la ville aperçoivent aux rayons du soleil levant le jeune scribe acharné à son œuvre de destruction. Ils se précipitent sur lui et le saisissent. « C'est un fou, disent les uns ; c'est un voleur qui veut ravir la statue de notre dieu, » disent les autres.

« Je ne suis ni un fou ni un voleur, leur répond Théophile, mais un chrétien qui ne peut supporter que les hommes adorent des dieux de bois et de bronze. — C'est un chrétien ! au prétoire ! l'infâme au prétoire » ! s'écrient aussitôt les paysans furieux, et Théophile se laisse, sans résistance aucune, saisir, garrotter et mener aux prisons de la ville.

Dans le milieu du jour, il comparaît devant le tribunal du magistrat chargé de rendre la justice au nom de l'empereur. Il confessa simplement et énergiquement sa croyance nouvelle, et le soir il était en la compagnie de sa chère Dorothée et cueillait avec elle des roses vermeilles dans le jardin des cieux.

## LE SOMMEIL DE L'ENFANT.

Quand je vois un tout petit enfant, être faible et sans défense, dormir à pleine haleine sur les genoux de sa mère, je me dis : Ce charmant tableau est l'image de la confiance.

Confiance, doux et noble sentiment de l'âme, pourquoi ne te possédons-nous pas toujours vis-à-vis de ceux que nous aimons et que nous estimons, pourquoi ne pas s'abandonner à l'homme que nous avons éprouvé et honoré du nom d'ami, à la femme que nous avons choisie et que nous regardons comme la moitié de nous-même ? Pourquoi ne pas confier pleinement nos destinées à la direction de Dieu, pourquoi ne pas lui livrer notre avenir dans ce monde et dans l'autre sans hésitations, sans doutes et sans craintes ? Oui, ayons confiance, en Dieu surtout !.. Malgré bien des tempêtes, des coups de foudre cruels et des obscurités profondes, croyons-le juste et bon ; répétons avec un grand

cœur et un grand esprit de notre siècle ces belles paroles : « Sublime et vivante volonté qu'aucune langue
« ne peut nommer et qu'aucune idée ne peut embras-
« ser, je n'ai aucune crainte des événements de ce
« monde, car ce monde est le tien. Tout événement
« fait partie du plan de l'univers éternel et de ton
« éternelle bonté ! Ce qui, dans ce plan, est positive-
« ment bon ou seulement moyen d'éloigner le mal
« existant, je l'ignore... Ce que je sais, c'est que dans
« ton univers *tout finira bien*, et avec cette foi je
« demeure ferme et tranquille. »

## LA PLANTE SOUTERRAINE.

La vie est partout et partout répandue à profusion. Elle est dans l'air, dans les eaux, à la surface de la terre et dans les profondeurs du sol; aux pôles mêmes des millions d'infusoires vivent au sein des glaces; partout se montre et partout se fait entendre le fourmillement moléculaire.

Et tous ces germes, toutes ces vies cherchent le plus possible à sortir de leurs entraves, à rompre les cellules, les coques, les bourgeons pour s'élancer à l'air libre et jouir du bienfait de la clarté.

O soleil, ô grand foyer de la chaleur et de la lumière, comme tu es aimé, désiré, appelé par tous les êtres, et pourtant, en leur soif et leur ardeur, ce ne sont pas toujours les plus complets et les plus élevés qui font le plus d'efforts pour aspirer tes saintes effluves.

Au dire des savants, il existe dans nos latitudes une humble plante que l'on nomme la *Clandestine écailleuse.* Cette plante modeste vit d'ordinaire dans les anfractuosités des montagnes.

Un jour, une de ses graines enlevée par les vents tombe au creux d'une mine, une mine sombre et étouffante. On pouvait croire qu'elle allait demeurer là inerte et même s'anéantir privée d'air et loin de toute clarté.

Eh bien! non..... Elle y germe et s'y développe, puis, comme le lierre, s'attachant aux parois du puits, elle monte, monte toujours jusqu'à ce qu'elle ait atteint l'orifice du trou sombre et qu'elle ait pu baigner sa tige dans les ondes fraîches de la lumière du jour.

Ainsi la plante, qui croît à peine au-dessus du sol de quelques pieds, s'élève par une sorte de prodige à plus de cent pieds de haut.

Quel admirable effort dans un être aussi obscur et aussi frêle! Quel amour, quel désir, quel besoin de lumière!

Quelle leçon surtout donnée par elle à notre humanité lâche et paresseuse! leçon muette et matérielle, il est vrai, mais qui égale peut-être les paroles du grand Gœthe expirant : Plus de lumière! encore plus de lumière!

## LE TOMBEAU D'UN SAGE.

Selon Diodore de Sicile, Théophile Evergètes était un philosophe platonicien qui vivait au fond de l'Egypte, sur les confins de l'Arabie, deux cent soixante-dix-neuf ans avant la venue du Christ. Il adorait Dieu, croyait à l'immortalité de l'âme et recommandait aux hommes de faire le bien de leurs semblables. Lorsqu'il fut près de mourir, il se fit construire un tombeau à proximité du désert, sur le bord de la route où passaient d'ordinaire les caravanes. Il détourna une source d'eau vive et la conduisit jusque sous la pierre de son sépulcre, pour qu'elle s'en écoulât sans cesse. Puis il planta auprès un bananier, afin que, parvenu à sa croissance, ses larges feuilles et ses doux fruits ombrageassent et alimentassent ceux qui s'arrêteraient dans cet endroit. Il lui plaisait de penser, du sein de la mort, que tout voyageur et tout animal las et altérés lui devraient encore quelque bien, en trouvant à son oasis funèbre repos, fraicheur et nourriture.

Cette idée est charmante et d'une âme véritablement bonne.

Elle est un enseignement à tout habitant de la terre de ce qu'il doit faire dans son court passage ici-bas.

Heureux ceux qui, tels que Théophile, ont rempli leur vie *de belles paroles* et fait de leur mort *une bonne œuvre!* Heureux ceux qui ont connu et compris comme lui ce que Pascal a si bien appelé les trois ordres de l'univers, la matière, l'intelligence et la charité!

# AU HAREM.

Intérieur de la femme légitime. Elle est sur son divan, et une de ses esclaves est auprès d'elle. Il commence à faire nuit.

NASLY-HANUM.

Fatmé, tu t'en souviens bien?... Il lui a dit quand elle a versé de l'eau sur ses mains : Assez, mon agneau!

FATMÉ.

Oui, Hanum.

NASLY.

Et avec quel son de voix?

FATMÉ.

Un son de voix très doux.

NASLY.

Et quels yeux avait-il?

FATMÉ.

Des yeux très doux aussi.

NASLY.

C'est bien, Fatmé..... va dire au tchiaoux de service de venir me parler.

FATMÉ.

Oui, Hanum. (*Elle sort.*)

NASLY.

Ah ! il l'a appelée son agneau! eh bien ! elle ne vivra pas un jour de plus.

## II.

### MÊME INTÉRIEUR.

Le lendemain, une heure de l'après-midi.

LE DEFTERDAR.

(Il entre et s'assied sur le divan auprès de Nasly.)

Comment avez-vous passé la nuit, chère Nasly? Vous avez les yeux battus, l'air fatigué, seriez-vous souffrante?

NASLY.

C'est la vérité, mon seigneur.

LE DEFTERDAR.

Et quelle souffrance vous accable, celle du corps ou celle du cœur?

NASLY.

Celle du cœur.

LE DEFTERDAR.

Et pourquoi?

NASLY.

Pour des choses certaines, vues et entendues, et qui ne sont que trop cruelles.

LE DEFTERDAR.

Expliquez-vous, mon amour, dites-moi la cause de votre chagrin.

NASLY.

Vous la connaitrez bientôt..... mais le repas est servi; vous plait-il d'y prendre part?

LE DEFTERDAR.

Oui vraiment... je me sens en grand appétit.

### NASLY.

(Elle se lève et approche du divan une petite table chargée de gobelets et de plats recouverts.)

Sachant que vous aimez l'agneau... j'en ai fait accommoder une portion à votre gré... en voulez-vous ?

### LE DEFTERDAR.

Volontiers, je l'aime beaucoup.

### NASLY.

(Elle enlève d'un mouvement brusque le couvercle d'un des plats et dit en regardant le maître avec un sourire féroce et des yeux étincelants :)

Eh bien, mangez-en !

### LE DEFTERDAR

(Il voit la tête de sa jeune Zora nageant dans un flot de riz et, tout épouvanté, s'enfuit en criant :)

Horreur, horreur ! infâme Nasly ! par Mahomet, je le jure, je ne te reverrai jamais !... pauvre Zora ! pauvre Zora !

## LOS ADIOS.

Prêt à partir pour un autre monde, prêt à chercher au delà des mers un asile à mes derniers jours, seul, dans l'attente du moment qui doit m'entraîner vers les lieux de mon embarquement, je fais de tristes réflexions que je confie tristement au papier.

Et comment ne pas soupirer en pensant à cette France où je suis né, que j'ai sillonnée de mes courses et que je vais quitter!

Là ma jeunesse et mon âge mûr se sont écoulés dans de vains rêves, de folles ambitions, de hauts désirs et d'amères déceptions; là, bien des larmes et bien des regrets sont sortis de mon cœur et de mes yeux.

Là s'élèvent des tombeaux chéris, là reposent des êtres aimés que visitait chaque année mon pieux pèlerinage... Et cependant je pars, je vais m'éloigner d'eux.

Solitaire, sans liens, sans attaches, que ferais-je désormais dans mon pays? Et même ailleurs en Europe, au Midi, ou au Nord, que trouverais-je de consolant pour les jours qui me restent à vivre?

Je vois de grands nuages chargés de foudre monter sur l'Europe entière et noircir son ciel, nuages enfantés par les conceptions de l'industrialisme, les faux concepts des classes ouvrières et les sophismes de la science.

De leurs flancs noirs tombera le Léviathan de Hobbes, le grand dragon de l'athéisme, et à sa suite viendront les décadences orgiaques du bas empire, les voluptés sans frein, les révoltes de la misère et les bandes féroces du Césarisme.

Le nombre ignorant, mené, dupé et tumultueux fera le droit; le nombre ignorant et grossier exaltera le commun, encensera le faux, l'appellera génie et lui tressera des couronnes.

Alors, plus d'échos dans les âmes aux nobles voix du bien et du beau! Elles cesseront de se faire entendre, et pour longtemps, bien longtemps peut-guides.

Ce sera le chaos, et pourtant un nouvel ordre en sortira : il sortira, car le règne du mal constant, définitif, n'est point le vœu du créateur, et les ténèbres ne peuvent dévorer la lumière.

Quel sera-t-il ? certainement un ordre plus conforme à la justice et à la liberté que les précédents, un ordre que je pressens, j'espère..... mais hélas ! je ne le verrai pas.

Voici l'heure du départ qui sonne; les chevaux qui doivent m'emporter viennent d'arriver. Leurs pieds frappent le sol, leurs naseaux frémissent d'impatience..... Il faut rejoindre mes compagnons de voyage.

Adieu, terre d'Europe, que je ne verrai plus probablement ! adieu, cités énormes, gouffres dévorants où les êtres s'entassent à millions, sans contrôle, sans air, sans nature ! adieu cités où gémissent tant de vertus impuissantes et où festinent et s'égaient tant de riches infamies !

Adieu, terre d'Europe hérissée de bastilles, de canons, de fusils, d'engins meurtriers de toutes sortes, terre surexcitée et de vie anormale, où une moitié des habitants garde, l'arme au bras, l'autre moitié toujours menaçante !

Je sais ce que je perds en te quittant, je sais que j'abandonne les puissances du cerveau, le spectacle des merveilles de l'art et de l'industrie, les aisances de la civilisation et les raffinements de la sociabilité.

Mais sous tes fleurs se cachent trop de poisons mortels, trop d'âcreté se respire dans l'air de tes somptueux édifices, trop d'égoïsme corrompt le miel des bons rapports et des douces paroles.

Là-bas, là-bas, par delà les mers de l'Atlantique, il existe un sol libre, fécondé et découvert par l'audace aventureuse de mes pères. Là, l'existence est religieuse, calme, digne et s'écoule sainement dans la simplicité des mœurs rurales.

Là, de grands, d'infinis espaces d'une virginale et puissante nature s'offrent à l'activité laborieuse de l'homme et à la contemplation de son âme inquiète.

O mon cœur, palpite encore une dernière fois pour la terre natale ! ô mes yeux, jetez ici vos dernières larmes ! Qui pourrait encore vous y charmer et vous retenir ?

Partons..... partons courageusement. Il n'est pas sans douceur de penser qu'il y a un coin de terre où l'on peut donner à ses jours déclinants pour cadre et pour horizon suprême, Dieu, la nature, la liberté.

Les galeries de sculpture et de peinture sont comme les dépôts et les dortoirs d'un monde à venir. C'est là que l'artiste, le philosophe et l'historien se trouvent pour ainsi dire chez eux. Ils viennent là se consoler de la gêne des hommes et des souffrances de la réalité.

Novalis.

# PROMENADES AU LOUVRE

## LE MENDIANT DE MURILLO.

La nature, c'est-à-dire l'être vivant dans sa liberté et sa simplicité, possède un charme inexprimable. Un poisson qui nage, un oiseau qui vole, un chien qui bondit et folâtre attachent les regards par la beauté naïve de leurs mouvements. Il en est de même pour l'être humain qui s'abandonne à ses instincts, les enfants dans leurs jeux, la femme dans ses soins maternels et l'homme même dans l'explosion de ses passions, de ses colères et de ses combats. Tel est aussi le charme qui me retient devant le petit pauvre de Murillo. Ce n'est qu'un enfant bien sale, bien dépenaillé, et dans une occupation qui ressemble à celle des animaux; cependant sa jeunesse, sa simplicité de pose et sa tranquillité sous le rayon de soleil qui dore son galetas en font un être presque poétique. Seul entre quatre murs tout à fait nus, même sans un escabeau de bois pour le porter, il est assis par terre, plus paisible et probablement plus heureux que le roi des Espagnes sur son trône. Il a près de lui une cruche d'eau pour étancher sa soif, et dans un cabas de paille quelques morceaux de pain et des pommes pour apaiser sa faim. A voir les miettes qui parsèment le sol et les débris de crevettes qui le rougissent, on comprend aisément qu'il vient de faire son repas, et il se livrerait au sommeil n'était la petite bête qui le tourmente et qu'il cherche à travers ses haillons. Quand il en sera délivré, il s'appuiera le dos le long du mur et entrera pour un long temps dans le royaume des songes. Il est difficile de mieux peindre la misère et en même temps de rendre son aspect plus acceptable. C'est de la réalité, mais elle n'est pas repoussante, grâce au soleil et à la jeunesse de l'enfant qui laisse voir à travers ses habits troués des formes saines et belles; et cette réalité est rendue avec une justesse de dessin, une facilité de touche et une puissance de ton qui font de Murillo un des maîtres les plus étonnants de l'art moderne. Certainement ce tableau a été fait d'après nature. C'est le portrait de quelque petit lazzarone du port de Séville. Les crevettes indiquent la marine, et Murillo l'aura aperçu dans son occupation bestiale au milieu d'une de ses promenades au bord de la rivière du Guadalquivir.

Je n'ai point vu l'Espagne, mais j'ai rencontré à

Naples toute une classe de gamins semblables à ce frère de Lazarille de Tormes. Même nudité, même laisser aller au physique et au moral, même insouciance de la vie et probablement même doctrine au sujet du tien et du mien.

Un jour que je dessinais au bord de la mer sur le chemin de fer qui mène de Chiara à la grotte du Pausilippe, à peu de distance du château de la reine Jeanne, je vis passer un paysan tenant sous le bras un panier chargé de fruits et de salades. Il marchait lentement et regardait la mer. Derrière lui venait un petit garçon de six à sept ans, vêtu à peine, les jambes nues, les bras nus et la chemise au vent. Ce petit lazzarone picorait comme une abeille le panier du paysan, tantôt un fruit, tantôt un brin de salade, demeurant ensuite à distance lorsqu'il avait attrapé quelque chose. Ce manège durait depuis quatre ou cinq minutes, lorsque l'homme de campagne se retournant subitement, vit le fripon mettre la main au panier. Celui-ci pris en flagrant délit, se retira vite, mais pas assez pour être à l'abri de la colère du paysan. Je crus qu'il allait battre l'enfant, mais non ; il se mit à rire et lui fit un signe avec le doigt qui semblait dire : « Si je t'y retrouve, prends garde à toi ! » puis, comme s'il eût reconnu que c'était par sa faute que son panier se vidait dans les mains d'un autre, il se contenta de le changer de bras et de le porter plus en avant sur le corps ; il continua en suite tranquillement sa route, et moi, qui m'attendais à une brutalité, je fus agréablement surpris de rencontrer autant de bienveillance.

Ne voilà-t-il pas aussi un joli sujet de tableau dans le genre picaresque?

# DEVANT LA JARDINIÈRE.

Raphaël n'eût-il jamais produit les fresques du Vatican, ces admirables compositions historiques et symboliques qui le font toucher presque à la force d'Homère, et n'eût-il enfanté que ses Vierges, il serait encore le plus grand artiste des temps modernes. A mon sens, ses madones sont devant la postérité son premier et son plus vrai titre de gloire. Il a trouvé en elles le type de la beauté féminine dans les conditions d'une société plus délicate que la société antique ; il a trouvé l'idéal de la femme dans ses amours les plus saints et les plus augustes.

Après la création du Jupiter de Phidias, je ne connais rien de plus grand et de plus beau que la vierge de Raphaël. Depuis la Jardinière jusqu'à la madone de Saint-Sixte, quelle collection magnifique des puissances du second élément humain sur la terre ! Qu'importent les nimbes d'or qui couronnent les têtes de ses madones et de ses Jésus ; qu'importent les nuages qui les soutiennent dans les cieux ; nuages et nimbes d'or peuvent tomber ou s'évaporer sous les souffles du temps et de la raison positive, il restera toujours de ces images dépouillées d'attributs célestes la figure ravissante et pudique d'une femme à la fleur de l'âge berçant amoureusement dans ses bras le fruit charmant de ses entrailles. Raphaël a écrit à la pointe du pinceau le plus pur et le plus élégant le poème éternel de la maternité.

En somme, Raphaël est de tous les artistes celui qui, jusqu'à présent, a le mieux accordé la beauté morale avec la beauté physique, celui qui a le plus fait disparaître l'antinomie du fini et de l'infini. A cet égard, on a pu dire justement de lui qu'il était le fils de l'Ange et de la Muse.

Certainement il y a un sentiment chrétien plus profond dans les œuvres d'Orcagna, de Giotto et d'Angelico de Fiesole, mais leur forme n'est pas aussi large, aussi vivante et aussi belle que la sienne. D'un autre côté, en fait de beauté corporelle, d'élégance de forme et de justesse de proportions, les artistes grecs sont incomparablement au-dessus de lui ; mais où trouver chez eux comme chez lui l'explosion pudique de l'amour maternel, les grâces de l'innocence du cœur et la beauté céleste ?

Raphaël est le trait d'union de deux arts qui représentent deux mondes, celui de l'âme et celui du corps. Il n'est le premier peut-être ni dans l'un ni dans l'autre, mais personne n'en a exprimé l'harmonie à un aussi haut degré que lui, et ce sera son éternel mérite.

Je dirai plus, l'œuvre de Raphaël marque dans l'art le point où la société doit tendre, l'harmonie du beau moral et du beau physique ; en ce sens, il est une sorte de révélateur.

Le corps n'est pas mauvais, mais la chair ; l'Évangile et les apôtres semblent d'accord sur ce point. Le corps doit avoir sa beauté aussi bien que l'âme. *In bel corpo anima bella*, tel était le vœu des platoniciens. Pourquoi le chistianisme lui-même n'arriverait-il pas dans son développement à cet équilibre suprême? Pourquoi, dans sa progression, ne suivrait-il pas l'esprit des Évangélistes ? Ayant commencé avec saint Mathieu par le spiritualisme juif, ardent et exclusif, pourquoi ne finirait-il pas avec saint Jean, l'apôtre grec et le plus beau des disciples du Christ, par le spiritualisme doux et tolérant ?

Léon X disait de Raphaël que c'était un ange envoyé du ciel pour rétablir dans sa splendeur la majesté de la Ville éternelle. La Ville éternelle, n'est-ce pas, au sens le plus large, l'humanité ? Eh bien ! qui comprendra et aimera cet ange, prophète du beau, s'il est poète, peintre, sculpteur ou philosophe, travaillera à établir de plus en plus dans le monde cette harmonie du beau physique et du beau moral que l'on dit avoir existé sur la terre avant la chûte et dont païens et chrétiens ont entrevu depuis, mais séparément, les deux termes.

# CLAUDE GELÉE ET NICOLAS POUSSIN.

Quoique la nature soit généralement admirable dans toutes ses parties, la convenance et le but donnant à ses productions des genres de beautés différents, je crois cependant qu'il y a sur le globe certains plans, certains terrains qui se développent d'une façon plus esthétique, si je puis m'exprimer ainsi, que bien d'autres, des paysages qui parlent plus à l'âme et qui se composent mieux suivant l'idéal que porte en soi la pensée humaine, en un mot qu'il y a de belles terres de même qu'il y a de belles races d'hommes. Ainsi, en Italie, voyez la disposition des lignes terrestres. Elle présente en général plus de grandeur et d'harmonie que dans les autres pays d'Europe. Sur quelque point que l'on s'y porte, on y trouve toujours et souvent unies ensemble la montagne, la plaine et la mer, les trois éléments les plus imposants de la nature.

En France, au contraire, presque toujours la plaine, quelquefois la montagne, mais plus souvent la colline; en Angleterre presque toujours la colline; en Hollande le marais; en Allemagne la plaine. La Suisse et l'Espagne offrent bien à l'œil du voyageur des pics élevés et des chaînes nombreuses de montagnes; mais, d'une part, la mer y manque avec son large horizon, et, de l'autre, la plaine avec ses douces ondulations. Dans les deux pays, les vallées sont étranglées et trop étroites, les cimes trop élevées ou trop dépouillées de verdure. L'Italie, partagée dans toute sa longueur par la chaîne des Apennins et baignée des deux côtés par la mer, présente très souvent à la vue l'harmonie des flots, de la plaine et de la montagne. Ajoutez à cela la forme élégante des croupes montueuses, leurs décroissances paisibles, leurs enlacements heureux, puis l'abondance et la force de la végétation, la limpidité des eaux et surtout l'éclat de la lumière, et vous conviendrez qu'il n'est guère de pays qui puisse offrir à l'artiste une aussi grande masse de beautés naturelles. Ce n'est pas sans raison que les Romains, maîtres du monde, ont tant fait l'éloge de leur patrie, et ce n'est point sans motif non plus que les deux plus grands paysagistes des temps modernes, Claude et Poussin, y ont passé leur vie entière.

A considérer les œuvres de ces deux maîtres, on dirait qu'ils se sont partagé l'Italie, comme autrefois,

Octave et Antoine se partagèrent le monde. A Poussin les sites sévères, montueux et abrupts, les grands chemins dallés à la romaine, et les approches des villes aux tours rondes et aux murs crénelés. A Claude, les campagnes, les bois fleuris, les fleuves paisibles et les bords de la mer. Le premier est un esprit grave qui rend la nature avec une simplicité majestueuse. Chez lui, avant toute exécution, il y a un choix des éléments qui doivent entrer dans son œuvre. Il paraît arranger les terrains, les arbres, les montagnes qu'il a rencontrés dans la nature suivant l'idéal qui réside au fond de son cerveau. L'idéal est tellement son but qu'il le cherche dans les moindres détails ; une plante, une fleur, une pierre même est le sujet d'un choix particulier et d'une étude sérieuse. De là, une grandeur et un ordre dans les choses qui saisit l'esprit fortement, mais qui ne le charme pas toujours, car il enlève parfois à ses compositions la fleur du laisser aller. Poussin n'élève pas seulement, comme Virgile, les éléments de la nature à la hauteur d'un consul, il les met à la hauteur d'un philosophe. Il n'y a guère que des hommes de pensée et des artistes très éminents qui puissent bien comprendre et goûter toute la poésie de ses paysages.

Claude agit différemment. Il ne cherche pas tant à exciter la pensée que le sentiment. Les sujets sont les plus simples du monde. La plus grande partie de ses peintures et de ses dessins ne représente que de beaux sites traversés par des troupeaux de bœufs au lever ou au coucher du soleil. De là, l'extrême facilité de le comprendre et sa grande popularité. Il est accessible à tous les yeux et à toutes les imaginations. Ce n'est pas qu'il manque d'idéal; il en a aussi et comme malgré lui. Amant de la nature, doué d'une vive sensibilité, un site quelconque l'émeut par sa fraîcheur et sa beauté ; alors il cherche, au moyen de ses pinceaux, à procurer à d'autres l'émotion qu'il en a reçue. Mais les pinceaux, en reportant sur la toile le sujet de son émotion, le rendent, non pas avec la minutie exacte et froide d'un artiste flamand, mais avec toute la finesse et la grâce de son âme, en sorte que l'objet est souvent, sous la main du maître, plus frais et plus charmant qu'il n'est en réalité. Ce qui est admirable chez Poussin, c'est la profonde harmonie qui existe entre le site et les personnages. L'homme dans ses toiles est toujours la représentation d'une pensée concordant avec la nature. Pour cette raison, ses figures sont aussi soignées que ses terrains et ses arbres. Poussin ne concevait pas pourquoi l'homme, figurant au sein de la nature, eût été moins étudié qu'un brin d'herbe ou une racine d'arbre, lui qui, semblable aux Anciens, pensait que la nature n'avait de valeur que par l'être ayant une âme raisonnable. Aussi le roi de la création joue-t-il toujours dans ses œuvres un rôle important et individuel. C'est l'homme qui donne à ses paysages leur nom et leur caractère. Ses toiles s'appellent le *Polyphème*, le *Diogène*, l'*Eurydice* ou encore l'*Effet de la peur*. Chez son émule, la nature l'emporte évidemment sur l'homme. Les figures sont moins étudiées et moins finies. Soit que le Lorrain n'ait pas eu sur ce point la science du Normand, ce qui est certain, soit qu'il n'ait pas voulu faire de l'homme l'objet principal de ses tableaux, le fait est que ses figures ne sont pas à la hauteur de ses arbres et de ses terrains. Cependant, il ne faut pas croire qu'elles soient tout à fait négligées. Elles sont généralement posées avec grâce et simplicité et rarement en désaccord avec le site qui les entoure. En voyant tel paysage se dérouler devant lui avec tel reflet de lumière, tel mouvement de terrain, telles eaux fraiches et limpides, l'artiste s'est dit : je mettrai ici une danse de paysans, là une Diane se baignant avec ses nymphes, là une cérémonie religieuse. L'humanité n'a donc pas de caractère individuel et dominant dans les paysages de Claude, mais elle s'y trouve en troupe et en multitude, ce qui leur donne un mouvement et une vie que l'on désirerait souvent un peu plus dans ceux du Poussin. Par suite du système que nous croyons être celui du peintre du déluge, tous les plans sont traités avec le même soin et la même vigueur. Claude n'accuse fermement que les premiers plans, le reste se perd dans le vague comme les objets lointains au sein de la nature. La lumière, dans les toiles du Poussin, joue un rôle modéré; elle est toujours un peu voilée par les nuages et se répand inégalement sur le site. En général, ce ne sont que les heures les plus tempérées du jour qui y sont représentées. Claude, au contraire, aime les moments les plus vifs, tels que les blancheurs du matin et les rougeurs du soir. Comme il tire sa lumière presque toujours du fond de ses tableaux, il obtient, par l'opposition des ombres, des effets vraiment magiques. Poussin resserre son horizon et donne peu d'espace à ses plans. Claude l'éloigne à l'infini. C'est l'immensité même. Avec Poussin, quelquefois on manque d'air, avec Claude jamais. Poussin aime l'architecture et enrichit souvent le fond de ses tableaux de maisons ou de palais. Claude n'aime pas moins que son rival à marier les lignes architecturales aux lignes ondoyantes du paysage, mais ce sont toujours celles de monuments gracieux et aériens, de belles villas plantées au bord des flots ou de temples grecs vus aux reflets du soleil de Naples. Poussin est grand par ses lignes et le sens profond de ses compositions, Claude par son naturel élégant et la divine harmonie de sa couleur. Si l'un élève l'âme, l'autre la réchauffe et la réjouit; on admire le premier, mais comme on aime le second! Je ne sache pas, dans la tristesse et la douleur, de remède meilleur que la contemplation d'une toile du Lorrain. C'est une mélodie chaude, splendide et lumineuse qui, par le canal des yeux, vous arrive doucement jusqu'au fond de l'âme.

En somme, ces deux artistes, l'honneur de la peinture et la gloire de l'école française, ont été et demeurent encore, à mon avis, les interprètes les plus élevés de la nature. Cependant, on peut se demander ce qu'ils eussent produit sans la terre magnifique qu'ils ont eue sans cesse sous les yeux et abandonnés sur le sol natal aux seules forces de leur génie. Nous croyons qu'ils eussent fait d'admirables peintures, mais jamais d'aussi belles.

## LA VIERGE D'ANDRÉA SOLARI.

Ce charmant tableau, fin de dessin et joli de couleur, qui représente l'allaitement de Jésus par sa mère au milieu des ombrages d'une verte campagne, me fait souvent penser à cette multitude d'images de la Madone que l'on rencontre dans les champs et sur les routes de l'Italie. Je ne sais pas ce que deviendra le culte de la Vierge dans ce pays et ce que la raison positive des temps modernes lui réserve comme au nôtre, mais ce que je sais bien c'est que, s'il vient à en disparaître, la nature y perdra autant que l'art. Rien ne va mieux au paysage que ces petites chapelles à peine abritées par leur toit de tuiles rouges et au fond desquelles le pinceau a jeté les traits de l'enfant Jésus et de sa mère. Ces légers temples ont remplacé les nymphées antiques, et bien que la plupart du temps ils soient décorés par une main grossière, les fraîches couleurs de leurs images et de leurs festons donnent du relief à la verdure des prés ou des arbres qui les entourent. Mais c'est surtout sous le rapport moral que leur aspect est désirable. Rien n'est plus doux et plus attendrissant que de les rencontrer au fond des bois ou sur la cime des montagnes. Dans ces lieux déserts où la grandeur des ombres, la hauteur des rochers, la profondeur des abîmes, le silence et l'isolement impriment une certaine terreur au cœur de l'homme le moins craintif, il y a dans l'apparition soudaine des images de Jésus et de sa mère, pour le chrétien, un appui et un secours célestes, et pour le philosophe et l'esprit même le plus épais, un adoucissement singulier, un charme inexprimable : il y a la présence de ce que l'humanité a de plus tendre et de plus attachant, une mère tenant dans ses bras son enfant.

# LÉONARD DE VINCI.

Depuis quelque temps il est de mode d'accorder la première place du monde de l'art moderne à Léonard de Vinci. Ce sont les panthéistes qui les premiers ont donné le branle à cette opinion. Si l'on tient moins compte des hauteurs de l'idéal et des qualités de l'imagination que de l'intelligence, de l'observation et de l'habileté d'exécution, on a raison. Léonard est l'homme qui a suivi de plus près la nature, qui s'en est le moins écarté et qui l'a rendue également bien dans ses manifestations les plus diverses. Toujours en avant et chercheur de routes nouvelles, il précède dans le dessin Michel Ange, dans l'expression et la composition Raphaël, et dans le coloris Corrège. Il prend tous les tons et aborde tous les genres, le saint, le profane, le noble, le gracieux, le grotesque et le terrible ; tout lui va, tout revêt sous ses doigts une forme vraie et une expression originale.

Voyez son chef-d'œuvre, le *Dernier repas du Christ*, à Milan. Depuis la tête du Sauveur jusqu'à la salière renversée sur la table, tout y est exécuté avec une justesse de forme et une observation du caractère des choses et des sentiments humains vraiment merveilleuses. Passez à Florence et examinez la tête coupée de la Méduse aux vipères grouillantes, et vous serez épouvanté en même temps que retenu par cette force de talent qui a résolu, dans la peinture, le problème de la combinaison de l'horrible et de la grâce. Contemplez-y encore l'épisode de la bataille d'Anghiari, et vous trouverez dans cette page de l'histoire florentine une réalité si puissante et si féroce que la bataille de Salvator l'emporte de peu sur elle en furie guerrière. Puis revenez à Paris et placez-vous devant la *Vierge aux rochers* et le tableau de *Sainte Anne tenant assise sur ses genoux Marie jouant avec son fils*, et vous vous enivrerez, sous les traits les plus délicats, des grâces souriantes de l'enfance et de la jeunesse. Le portrait de *Monna Lisa* aussi, ce portrait incomparable qui n'est plus que l'ombre de ce qu'il était sortant des mains du peintre, mais qui conserve encore, dans son pur dessin et son modelé parfait, les charmes d'une chose exquise, vous fera rêver longtemps aux intentions raffinées du maître et au caractère impénétrable et énigmatique de l'être qui lui servit de modèle. Il n'est pas jusqu'aux moindres dessins à la sanguine, aux plus infimes crayons exposés dans la collection du Louvre qui n'attirent votre attention et ne la captivent par la netteté du trait, la vigueur de l'ombre et la justesse de l'observation. Ce ne sont que des études de vêtements et des croquis de têtes d'hommes et de femmes depuis l'extrême beauté jusqu'à la laideur grotesque, mais tous ces petits morceaux ont leur caractère propre et sont aussi achevés que les plus grands ouvrages de leur auteur. On dirait que, comme à Dieu, il ne lui échappe, fût-ce un grain de sable, rien que de complet. Et quand l'on pense que ce grand artiste était en outre grand grammairien, grand philosophe, grand mathématicien et grand machiniste, on reste confondu, stupéfait des facultés qui se rencontrèrent dans le cerveau d'un tel homme. Gœthe n'eut pas la tête plus vaste et plus forte. Quel est donc le point faible de ce docteur Faust de la peinture, car il était homme et il devait pécher par quelque endroit? Pour nous, c'est le manque d'âme et de véritable élévation. La fameuse cène de Milan est la page où l'on en peut trouver le plus de traces; cependant, comme elle est loin d'avoir dans son dramatique combiné et trop balancé, l'expression tendre et profonde du *Spasimo* et la tristesse désespérée du *Christ au tombeau* par Raphaël! Michel Ange, Corrège et Raphaël, avec des négligences ou des exagérations de formes que

Léonard n'a pas, vous remuent bien autrement. Ils vous ravissent, ils vous emportent dans les régions idéales du ciel ou de l'enfer ; on sent qu'ils ont des ailes, Léonard jamais. Sa fantaisie ne quitte point la terre ; elle vous y séduit, vous y enlace et vous y fascine comme le serpent tentateur de la pauvre Ève, mais elle demeure attachée au sol et ne fait qu'en dorer les réalités sensuelles et distinguées.

Comme pur artiste, c'est-à-dire comme strict interprète des formes de la nature, l'Italie et l'Europe n'en ont jamais eu peut-être d'aussi puissant que lui ; cependant, même dans ses meilleurs ouvrages, il conserve toujours ce que le génie Toscan comporte particulièrement, quelque chose de subtil et d'arrêté qui mène parfois à la manière ou vous emprisonne trop dans la formule. Que l'on rapproche ses œuvres de celles des anciens et, malgré leur justesse et leurs délicatesses, l'on verra combien il s'en faut qu'elles aient l'aisance et le sublime laisser aller que possédait Phidias, cet art suprême et plein de largeur qui sait cacher l'art lui-même sous la nature.

## L'INTÉRIEUR DE SAINT-PIERRE.

Le tableau de Pannini peut dispenser d'aller voir à Rome l'intérieur de l'église Saint-Pierre ; il est d'une fidélité extrême de dessin et d'aspect, c'est presque du daguerréotype colorié. Malheureusement c'est plus riche que beau. Voilà bien les grands arcs formant la croix latine et supportant le dôme de Michel Ange, avec les nombreuses chapelles s'ouvrant de côté sur deux voies parallèles ; voilà bien les effets de lumière éclairant au fond la chaire de Saint-Pierre et faisant ressortir dans toute la longueur du monument les innombrables peintures et sculptures qui le décorent ; mais cette quantité de marbres de toutes couleurs s'élevant, s'abaissant, s'arrondissant en colonnes, en cintres, en caissons, mascarons et ornements de toutes sortes, fait disparaître les proportions gigantesques des arcs et des voûtes. On n'est frappé que du détail et l'ensemble est oublié. C'est le rococo jésuitique à la place des lignes simples et majestueuses des anciennes basiliques. J'avoue que pour arriver là, ce n'était guère la peine, par la vente des indulgences qui devaient fournir l'argent nécessaire à la construction du temple, de soulever les trois quarts de l'Europe et de mettre en péril la catholicité. En somme, il n'y a, dans cet immense amas de pierres et de marbres appelé Saint-Pierre, que deux choses imposantes, la colonnade du Bernin et le dôme du grand Florentin ; encore l'effet du dôme est-il gâté, dans bien des endroits, par les petits domes et les clochers qui l'accompagnent.

Le plan primitif de Saint-Pierre fut une croix latine surmontée d'un dôme dans le genre peu élevé de celui qui couronne le Panthéon d'Agrippa. Telle était la conception du premier architecte, Bramante. Raphaël accepta le plan de son oncle, le rectifia et l'embellit. Plus tard, il vint dans la pensée de Balthazar Peruzzi, de Michel Ange et de Léon X de réduire ce plan à la forme d'une croix grecque, en donnant au dôme une élévation égale à celle de Sainte-Marie-des-Fleurs de Florence. Léon X étant mort, on reprit le plan de Bramante et de Raphaël, la croix latine, on fit quelques changements au dessin des arcs de voûte du dôme et l'on confia l'exécution du tout à San-Gallo. Celui-ci mort à son tour, il n'y eut que Michel Ange qui fût jugé capable de poursuivre la construction du monument. Ce dernier remania l'ouvrage de son prédécesseur et donna le dessin de la coupole telle qu'elle est aujourd'hui. Il laissa aussi le plan d'une façade qui ne fut pas exécutée, puis il paya son tribut à la nature. Alors l'achèvement de l'édifice incomba à des artistes secondaires, entre autres Carlo Maderno, qui prolongea la nef du côté de l'entrée et fit le frontispice, et Borromini, qui apporta dans la décoration de l'intérieur tout son mauvais goût individuel.

Si la Providence m'eût fait naître au temps de Léon X et m'eût donné son pouvoir, voici, sans trop de présomption de ma part, ce que j'eusse fait. J'aurais pris le plan de la croix grecque comme étant plus uni et plus harmonieux : les quatre rameaux de la croix y sont égaux; ils correspondent aux quatre points cardinaux et aux quatre parties du monde. J'aurais suivi l'idée de Bramante à l'égard de la coupole, c'est-à-dire élevé la voûte du Panthéon sur les arcs du temple de la Foi avec la courbe élégante et majestueuse qu'elle possède dans le dessin de Michel Ange. La coupole est le symbole de l'élévation et de la purification de la matière. Ce n'est pas l'ascétisme aigu et maigre de la flèche gothique, ni l'aplatissement du temple égyptien. J'aurais ensuite confié l'exécution du tout aux deux archanges de l'art, au Sanzio et au Buonarotti. L'un, avec son goût pur et voisin de l'antique, eût fait la façade et décoré l'intéricur, l'autre eût assuré les fondations, établi les grandes masses et élevé le dôme. Enfin, j'aurais engagé mes successeurs à suivre les dessins et les plans de ces deux hommes sans y rien changer, et j'aurais laissé à la postérité, aussi complet et aussi parfait que possible, le monument de la troisième phase de l'art chrétien.

## L'APOLLON DU BELVÉDÈRE.

Canova pensait que cette statue n'était qu'une copie de l'œuvre de Scopas faite au temps de Néron. Nous sommes de son avis. La tête nous semble trop grosse par le haut et trop carrée par le bas, en un mot trop écrasée pour une tête grecque, surtout lorsque l'on voit auprès d'elle le front et l'ovale du Thésée dans l'œuvre de Phidias. Un artiste de la décadence en aura altéré le type. Quoi qu'il en soit, c'est toujours une très belle chose. La pantomime du corps et l'expression du visage nous laissent dans l'âme une impression profonde. C'est comme la vue d'une bonne action; on se sent meilleur et plus courageux.

Jeune homme aux cheveux d'or, que tu es beau dans ta sainte colère! La flèche vient d'échapper à ton arc vengeur, et tandis que l'affreux Python roule dans la fange, percé de part en part, et y exhale en cris sauvages ses derniers venins, ta taille se redresse, ton front se rassérène, tes yeux étincellent, tes narines s'enflent d'un légitime orgueil et tes lèvres frémissantes jettent un cri de triomphe qui monte en hommage pieux vers le ciel et va réjouir le cœur de ton divin père par l'annonce de la victoire du bien sur le mal.

## SALLE DES CARIATIDES.

---

Les Centaures, les Syrènes, les Chimères et les Faunes, toutes ces créations de l'imagination poétique des anciens, m'ont toujours vivement impressionné, mais celle qui m'étonne le plus c'est l'Androgyne. Non seulement elle excite ma curiosité, mais elle jette mon esprit dans des rêves sans fin..... A propos de cette conception étrange et qui cache un sens profond, j'ai essayé un jour d'écrire en quelques phrases un commentaire qui tient plus de la peinture que de la statuaire.

---

## L'ANDROGYNE.

Salmacis repose mollement sur la peau d'un grand lion à l'ombre d'un vert feuillage. Un bras blanc comme l'ivoire supporte sa tête charmante, et son beau corps, étendu tout du long et sans voile, montre au jour la grâce admirable de ses formes. Tandis que le zéphir joue avec les anneaux d'or de sa blonde chevelure, ses yeux noirs ombragés de longs cils se ferment dans un délicieux sommeil ou se perdent, éveillés, dans les lointains bleus des campagnes du Soleil. Salmacis n'aime que la solitude et ne se plaît qu'aux lieux où croit le haut platane et où la fleur rose du lotus se balance sur les ondes.

Que lui font les bruits du monde et la société des humains? A quoi bon les jeux et les danses? Les jeunes filles au cou de neige et aux lèvres de pourpre ont des charmes pour les jeunes hommes, mais non pour Salmacis. Les jeunes garçons aux yeux ardents et aux bras nerveux ont de l'attrait pour les jeunes filles, mais non pour Salmacis. Salmacis possède en soi tout ce que l'âme cherche et désire dans la vie. Grâce à ses prières et aux Dieux bienveillants, un miracle s'est opéré : les deux sexes se sont réunis en son corps. La bien-aimée et le bien-aimé ne font qu'un ; leurs beautés diverses s'allient et se confondent d'une façon merveilleuse.

A voir ses flancs arrondis et son sein développé, vous jureriez que c'est Vénus, puis à voir ses bras fermes et musclés, ses jambes longues et fines, vous diriez le jeune Mercure, et pourtant ce n'est ni l'un ni l'autre ; ce sont tous les deux ensemble, c'est Hermaphrodite, c'est l'être revenu à sa première origine, à l'unité de nature. Aussi plus de soupirs et de soucis, plus de pâleur au front et de maigreur au corps, plus de désir d'avoir et plus de crainte de perdre. Une harmonie divine règne dans ce beau corps, une sérénité perpétuelle repose sur ce doux visage. Seulement, parfois, quand la terre fermente et que les brûlantes haleines de l'amour passent dans les airs, le beau sein de Salmacis se gonfle, un nuage de pourpre colore ses joues, ses yeux se ferment de langueur et tous ses membres frémissent d'une volupté profonde.

# DEVANT L'ANTINOÜS.

L'amour, même le plus honteux, peut être bon à quelque chose ; si dégradé qu'il soit, il peut laisser une trace brillante. Aussi, l'abominable passion d'un empereur romain a doté l'art de la statuaire d'une de ses formes les plus charmantes ; elle a fait naître l'Antinoüs.

Au charme indéfinissable qu'exerce sur vous la beauté de ce jeune homme, il se mêle encore un certain intérêt, car ce favori criminel de l'empereur Adrien semble avoir racheté par sa mort les indignités de sa vie. L'oracle avait dit, et qui sait si l'oracle n'était pas le serviteur de quelque jalousie féminine, que ce n'était que dans les entrailles d'un mortel cher à César que l'on pourrait lire sûrement les destinées du Prince..... Antinoüs ayant appris cette sentence n'hésita pas à mourir, et bien qu'il fût à la fleur de l'âge, dans toute sa grâce et au comble de la faveur, il se noya volontairement dans le Nil.

L'infortuné fut mis au rang des Dieux par son maître inconsolable. De là son image en divinité Égyptienne et portant la couronne de lotus ; de là les nombreuses représentations de ses traits avec les signes et les attributs des divers Dieux de l'Olympe ; de là le ciel de l'art enrichi pour toujours des beautés de ce nouveau Ganymède aux regards profonds et mélancoliques et fait pour boire éternellement à la coupe d'Hébé..... Étrange apothéose d'un dévouement qui fait naître bien des réflexions.

## LA DANSE DES MUSES.

---

Quelle grâce, quelle élégance dans cette ronde de belles jeunes filles aux seins découverts et aux robes flottantes, se donnant la main et tournant aux sons de la lyre d'Apollon, telles que nous les représente le tableau allégorico-mythologique d'Andrea Mantegna! Ne dirait-on pas un bas-relief antique vu à travers les yeux délicats et raffinés d'un Italien du xv° siècle? On copie quelquefois ce tableau, mais presque toujours les copistes ne rendent que le groupe des Muses et suppriment la partie d'en haut, qui est cependant le sujet de l'ouvrage et montre Mars et Vénus, symboles du courage et de la beauté, loués et charmés par les jeux et les chants des poètes. Font-ils bien, font-ils mal? car cette partie est vraiment exquise; le Mars est charmant avec sa tunique rouge et la Vénus, toute nue et blanche comme un lys, a une sveltesse de formes admirable : je laisse à discuter ce point. Quant à moi, si j'avais à reproduire ce tableau, malgré les qualités de l'œuvre et le respect que l'on doit aux intentions d'un artiste célèbre, j'agirais de même, je m'en tiendrais à la partie inférieure et je m'efforcerais de retracer de mon mieux tous ces beaux corps au balancement harmonieux, tous ces pieds nus aux fines attaches et tous ces bras blancs et délicats entrelacés les uns dans les autres. Ces neuf muses et leur divin musicien suffiraient à récréer mes yeux et à calmer mon esprit par la contemplation de leur aimable et doux amusement.

La danse, le *pulsanda tellus pede libero* d'Horace, cette explosion de l'âme contente par les muscles de la jeunesse et de la santé est de tous les plaisirs corporels le plus instinctif et le plus naturel. Depuis les temps sauvages jusqu'aux jours civilisés, tous les peuples du monde s'y sont livrés avec passion. Tous en ont fait un art très simple ou très compliqué. Son jeu rhythmique, ses évolutions cadencées ont même été employés dans les cérémonies religieuses et font encore partie du culte dans certaines régions de l'Asie. Sans vouloir pénétrer le sens caché de ses figures, et ne l'envisageant qu'au point de vue pittoresque, cet art est plein de charme. Que ne devait-il pas être sous le bleu pavillon du ciel de la Grèce et avec les formes superbes de ses habitants ! Qu'on s'imagine la danse des jeunes Athéniennes sous l'œil de Périclès, aux fêtes de Minerve, la sculpture de Phidias vivante et en mouvement : ce devait être un tableau splendide et d'un plaisir enivrant. Je regrette, pour cela et pour bien d'autres choses plus élevées, de ne pas être né à cette belle époque de la civilisation humaine. Je suis venu trop tard, cependant il m'a été donné de goûter quelque reste de la grâce antique. J'ai vu au soleil de Naples, au bord des flots, près du Pausilippe, danser la tarentelle. J'ai vu aussi, non loin des cascatelles de Tivoli, la jeunesse tiburtine exécuter la saltarelle. Le mouvement de la tarentelle est très vif et demande une agilité de membres extrême. La saltarelle, quoique très animée aussi, l'est moins et permet plus à l'œil des assistants de suivre la beauté des corps dans leurs diverses poses. Plus les hommes sont jeunes, plus la danse est agréable ; je dirai même que, pour mon goût, je préfère qu'il n'y en ait pas. C'est ainsi que j'ai vu danser une fois à Rome la saltarelle, et je n'en ai jamais oublié le gracieux tableau. C'était aux premiers jours de l'automne, un après-midi de dimanche, sous les ombrages du jardin Borghèse. Une troupe de jeunes filles du peuple en costume de fête vint s'abattre devant moi pour danser sur le gazon d'une pelouse située près de la grande allée. Le signal donné, toute la bande fut bientôt en mouvement. Comme les tambours de basque passaient rapidement de main en main et comme les petits pieds enfermés dans des brodequins de velours obéissaient justement à la mesure! La plus âgée ne paraissait pas avoir plus de seize ans. Toutes étaient jolies; il y en avait une surtout qui avait des yeux comme des étoiles, des dents comme des perles, des lèvres comme du corail. Elles dansaient entre elles et sans jeunes garçons. Tantôt l'une d'elles se détachait et formait quelques pas avec des gestes au milieu du cercle de ses compagnes, tantôt c'était un duo, puis un tutti tumultueux. Elles se mêlaient, se séparaient, se remêlaient, et toutes leurs évolutions étaient pleines de grâce et d'harmonie. Leur plaisir était vif, il éclatait dans leurs yeux, sur leurs fronts rouges et leurs seins haletants. S'il arrivait à quelqu'une de s'arrêter et de se mettre un peu à l'écart pour respirer, le temps du repos n'était pas long, et elle rentrait bientôt dans la bande avec des pieds animés d'une nouvelle vigueur.

Cependant l'heure s'écoulait, le soir approchait, il fallut partir. Elles quittèrent la place mais non la danse. Sur le chemin où je les suivis, de temps en temps, et malgré les promeneurs, elles s'arrêtaient encore, agitaient leurs tambours de basque, formaient un cercle et recommençaient leurs jeux. On eût dit une troupe d'oiseaux qui, dans son caprice et sa fantaisie, s'envolait et se posait tantôt ici, tantôt là. Elles atteignirent ainsi la porte du Peuple, toujours riant, toujours dansant, puis toutes ces bouches brûlantes, toutes ces joues empourprées furent se plonger dans l'eau froide des fontaines de la place. Je ne pus me défendre d'un sentiment de crainte et je demandai secrètement à Dieu que le plaisir de boire et de se rafraîchir ne coûtât pas trop cher à ces charmantes créatures.

# UN TABLEAU DE FRA ANGELICO DE FIESOLE.

Grâce tranquille et délicate, suavité douce et chaste, profils purs, corps sveltes et aériens, voilà ce que vous présente cette collection d'anges et de saints composant le couronnement de la vierge dans le ciel et peinte par le moine de San Marco. Le coloris de ses figures est si léger, si transparent, si fin, qu'il semble ne convenir qu'à des faces privées de chair et de sang. En effet, elles ne sont plus de ce monde : elles ont été transfigurées par le regard divin, et donnent parfaitement l'idée des corps spirituels dont parle l'apôtre saint Paul dans ses épitres. Giotto et Cimabuë, comme peintres catholiques, ont plus de grandeur et de majesté, Pérugin plus de naturel et de bonhomie, Raphaël plus de largeur et de beauté, mais aucun d'eux n'atteint la grâce pure et délicate du frère Ange de Fiesole. Il est le vrai peintre du paradis, le seul qui puisse rendre les êtres immatériels peuplant les régions décrites dans le troisième cantique du Dante. Où avait-il eu de pareilles visions ? certainement dans les solitudes du cloître, pendant ses prières et au milieu de ses recueillements pieux. Toute sa vie n'étant qu'un désir du ciel, il ne vivait réellement qu'avec les êtres qui l'avaient mérité et qu'il supposait devoir l'habiter. Lorsqu'il avait à leur donner des formes et lorsqu'il voulait les montrer aux yeux de ce bas monde, il mettait sur leurs traits et dans leurs attitudes toute la tendresse, toute la piété et la paix qu'il avait dans le cœur. Sa douceur était telle qu'ayant à peindre un jugement dernier, il ne put jamais donner au Christ un air terrible. On peut se faire une idée, par ce dernier trait, de la délicatesse de ses sentiments et de la suavité de ses œuvres. Il passa donc toute sa vie à prier et à peindre, à prier Dieu et à peindre ses anges et ses élus, et lorsqu'il abandonna le monde ce ne fut qu'aimé, honoré et regretté de tous, n'ayant jamais fait de mal à personne et emportant au ciel le titre de bienheureux. Quel contraste que cette douce existence d'artiste dévotieux avec la vie rude et agitée de son camarade de couvent, de son frère en religion, le fameux Savonarole ! Tous les deux, ils étaient profondément chrétiens, profondément catholiques ; mais doués de talents différents, ils ont agi et vécu différemment. Avec le pinceau l'on peut s'isoler du monde, avec le don de la parole cela est plus difficile. La parole est l'instrument de l'idée, et la pensée est faite pour influer sur les hommes.

Au fond, le mystique et ardent Savonarole voulut réaliser sur la terre le règne des belles figures enfantées par l'imagination du bon Angelico. Il voulait établir dans la vie terrestre l'oubli des choses mondaines, la mortification des sens, l'aspiration au ciel. Il voulait fonder la république des purs chrétiens, la vie essénienne dans toute sa liberté, et pour cela il dut choquer plus d'une fois et violemment les mœurs et les usages de son temps. Puis il s'attaqua aux oppresseurs de sa patrie, aux vices et aux corruptions des princes de l'Église eux-mêmes. Il tentait l'impossible ; il oubliait, dans son amour du bien, les conditions véritables et naturelles des sociétés humaines : il exagérait un bon principe. Aussi rencontra-t-il de toutes parts des obstacles qui firent de sa vie un combat perpétuel et terrible. Il y a usé des facultés puissantes, il y a compromis parfois son patriotisme et sa loyauté, et il a fini de la manière la plus déplorable, mourant sur un bûcher, exalté par quelques-uns, exécré du plus grand nombre, et laissant assez douter de son orthodoxie pour que le protestantisme l'ait réclamé comme un des siens à côté de Zwingle et de Luther. Pauvre Savonarole ! Ses intentions étaient droites, mais son action fut fausse et stérile. Son frère, le saint artiste, était resté plus que lui dans le vrai, *il s'était contenté de montrer l'idéal sans vouloir l'imposer.*

# RENÉ DESCARTES.

Comme j'étais arrêté devant le portrait de ce philosophe par Frans Hals, peinture vraie, solide et colorée, un vieux monsieur qui le contemplait en même temps que moi, me dit : — Trouvez-vous les traits de ce visage bien distingués ? — Il faut savoir, monsieur, lui répondis-je, ce que vous entendez par ce mot *distingué :* si c'est de l'élégance et de la proportion, non ; mais si c'est quelque chose d'accentué et d'énergique, oui. —Vous savez sans doute, répliqua-t-il, qui est ce personnage ? — Parfaitement.— Eh bien, ne le prendriez-vous pas pour un pharmacien ou un maître d'école d'Amsterdam, plutôt que pour un gentilhomme français et un penseur éminent ?— Au premier abord, peut-être, mais à l'examiner attentivement, j'en doute. — Quel pauvre habillement !—Le vêtement est simple, mais il ne me paraît point pauvre ; il consiste en un rabat blanc sur un justaucorps noir enveloppé d'un manteau noir. Ce peut être économie et dédain des habitudes mondaines et de l'éclat, mais ce n'est point assurément pauvreté ou vilenie. Quant à la figure, je n'y trouve rien d'empâté et de lymphatique qui rappelle le type hollandais ; la forme en est maigre, ovale et d'un teint bilieux. Ce n'est pas la figure d'un homme du Nord, ce n'est pas celle non plus d'un Italien à tête carrée, ni celle d'un Espagnol à tête allongée, c'est celle d'un Français, d'un Français de la zone moyenne.

Voyez les yeux, quoique bombés et à fleur de tête, comme ils sont noirs, grands, bien ouverts et encadrés de superbes sourcils noirs ! Ils ont beaucoup de douceur. Il est vrai que le nez allongé et un peu aplati écrase en tombant la lèvre supérieure, mais son accent indique de la volonté. La bouche est assez bien faite et ne manque pas d'épaisseur ; quelque chose du dédain apparaît aux deux coins. Quant au front, il est très large, et, bien que les cheveux le voilent un peu trop, il présente le contour d'une courbe élevée. Les phrénologistes y découvriraient assurément au sommet la bosse de la causalité, et ils ne manqueraient pas non plus de reconnaître aux deux côtés du front, très protubérants, les marques des facultés mathématiques.

En somme, cette figure me paraît parfaitement convenir à celui qui la porta jadis, un gentilhomme français, un homme ardent, passionné, raisonneur et mathématicien, un des plus grands esprits de la France et des temps modernes. — Monsieur, je le vois, est fort partisan des doctrines du philosophe de Tours. — Oui, monsieur, pour moi, ce petit homme noir si simple et si tranquille a plus influé sur son temps et sur le monde avec des idées que les monarques, les capitaines et les hommes d'État avec leurs sceptres, leurs épées et leurs ordonnances. Il eut une si haute opinion de la pensée que pour la cultiver en paix et lui faire produire tous ses fruits, il sacrifia honneurs, richesse et patrie. Afin d'étudier et de comprendre Dieu, l'homme et la nature, il rompit avec ses amis, ses parents et le monde, et, muni d'une modique fortune, alla, vingt ans, s'enfermer dans un coin de la Hollande. Là, il renversa le doute, trouva l'application de l'algèbre à la géométrie, construisit la mécanique des cieux et décrivit les passions et la structure de l'homme. Là, il médita, anatomisa, calcula et écrivit sans relâche ; puis, pour récompense de tant d'abnégation et de tant de travaux, il fut jusqu'à sa mort dénoncé, injurié, presque chassé du pays qu'il avait choisi pour retraite, et anathématisé comme athée, lui qui avait employé toute sa vie et toutes ses facultés scientifiques à prouver l'existence de Dieu et la spiritualité de l'âme. Ce

n'était pas seulement un penseur, c'était encore une âme bienveillante et qui avait foi au progrès de l'humanité. Ne voulait-il pas que les savants cultivassent particulièrement la médecine et la mécanique : la médecine, pour allonger autant que possible la vie de l'homme et en diminuer les souffrances ; la mécanique, pour lui fournir les moyens d'assujettir de plus en plus les forces de la nature et d'embellir son séjour passager. C'était tracer le programme de la marche des générations à venir, programme que nous suivons déjà en partie dans notre siècle. Voilà, monsieur, l'homme dont Frans Hals a peint si franchement l'image, et dans les traits et la tournure duquel je n'ai jamais pensé à rencontrer ce que vous y avez trouvé.
— Croyez bien, monsieur, que j'adhère complètement aux éloges que vous donnez au génie du philosophe tourangeau, mais je maintiens mon opinion relativement à sa physionomie. Sans retomber dans des appellations peut-être exagérées, permettez-moi de vous dire que si Descartes eut le génie de Platon, il n'en posséda point la figure. — C'est possible : en tout cas, il était mieux que Socrate.

Sur ce, nous nous saluâmes et nous nous séparâmes. En m'en allant, je me retournai et m'écriai :
—Bon et grand homme, honneur de mon pays, qu'importe qu'on te prenne pour un pharmacien ou un cuistre, je ne passerai jamais devant toi sans te donner

un coup de chapeau, sans te saluer comme un des amis les plus ardents et les plus désintéressés de la vérité.

# LÉOPOLD ROBERT.

Je m'extasiais un jour sur les moissonneurs de Robert, dans une maison où se trouvait M. Ingres. Il accorda, comme tout le monde, un grand talent à cet artiste, mais il prétendit aussi que ce n'était qu'un peintre de genre. L'appréciation était-elle bien juste? Sans être un artiste héroïque, un peintre des grandes passions, lorsqu'un maître possède, comme Robert, un sentiment aussi élevé du beau, ce qu'il produit n'est-il que de la peinture de genre? L'*Arcadia* de Poussin et bien d'autres compositions du célèbre Normand pourraient, à ce compte, être rangées dans la même catégorie. Pour ma part, je regarde le *Repos des moissonneurs au milieu de la campagne de Rome* comme un véritable tableau d'histoire.

C'est la représentation la plus vraie, la plus simple et la plus belle du repos de l'homme après son labeur sur la vaste terre. Cette composition virgilienne, qui est moins une conception réfléchie et individuelle du cerveau de l'artiste qu'une vue choisie dans la nature, durera certainement autant que l'art lui-même et fera impression sur les hommes de tous les âges. Toute la famille humaine est là, avec ses divers personnages, ses différents âges et sa hiérarchie, résumée en trois groupes merveilleusement balancés et peinte dans sa force et sa plénitude. Le dessin en est large et serré à la fois, et la couleur en est plus solide et meilleure qu'elle n'apparaît d'ordinaire sur les toiles de Léopold, qui n'était pas coloriste.

Ce tableau me paraît être son chef-d'œuvre. Ce n'est pas qu'il ne se trouve beaucoup de grâce, de jeunesse et de charme dans la peinture de la *Fête de la Madone de l'Arc*, mais cette œuvre me paraît moins conforme au sentiment naturel du maître. Il était généralement grave et triste. Il a bien saisi, il est vrai, l'élégance et la finesse grecques des figures d'hommes et de femmes des environs de Naples, mais la pétulance et l'ivresse folle de la vie napolitaine sont-elles rendues? Il me semble que la gaité qu'il leur prête est encore trop grave et trop lente pour le peuple si remuant du Pausilippe. Quant au tableau des *Pêcheurs*, il rentre tout à fait dans le sentiment habituel du peintre; il en est même l'expression la plus forte. Cependant, quoiqu'il renferme de grandes beautés, le manque d'unité, les poses académiques, la faiblesse d'exécution dans quelques parties me font ranger cet ouvrage au-dessous des deux autres.

J'étais à Venise à l'époque où Robert travaillait à ce tableau. La première entrevue que j'eus avec lui avait eu lieu à Florence. Un aimable peintre de mes amis, M. Perrot, m'avait fait faire sa connaissance. Nous avions dîné tous les trois ensemble, et Léopold, prêt à partir pour la ville des Doges, avait obtenu de moi la promesse que j'irais le voir lorsque je passerais dans cette partie de l'Italie. A mon arrivée à Venise, je n'eus garde d'oublier le célèbre artiste.

Il demeurait alors place du Théâtre chez une madame Catamo, dans une maison de bonne apparence et qui donnait d'un côté sur le grand canal. Son appartement était au haut de la maison, et pour y arriver, il fallait gravir un escalier large, mais très raide.

Je fus donc lui rendre visite, et il m'invita, pendant mon séjour à Venise, à venir le soir fumer et causer avec lui. Je le fis plusieurs fois. Nos conversations tombèrent sur la peinture comme cela devait arriver, et il me souvient que ses idées à ce sujet n'étaient nullement chargées de théorie et de métaphysique. L'observation de la nature et le choix dans ses œuvres me parurent être les principes qui formaient le fond de son esthétique. Sa parole était toute simple comme sa personne : de la bonhomie, du naturel et un peu de lenteur tudesque à travers laquelle perçait néanmoins de la finesse. Nous parlâmes des galeries de Venise ; il m'indiqua plusieurs belles choses à voir, mais ce qu'il me conseilla surtout de faire, ce fut d'aller dans les lagunes visiter la petite ville de Chioggia. C'était là, suivant son expression, que je devais trouver *de la véritable peinture, de la peinture vivante et chaudement colorée,* une race d'hommes et de femmes forte et belle qui me donnerait l'idée de l'antique population des bords de l'Adriatique. A Venise, il n'y avait plus que des corps étiolés, flétris et jaunis par la fièvre, des formes pauvres et misérables. Je suivis son conseil et m'en trouvai bien. A mon retour, je revins le voir et lui demandai, avant de partir, la permission de contempler quelques-uns de ses travaux. Mais il ne voulut point m'accorder cette faveur, parce qu'il n'avait rien à me montrer, disait-il. Son œuvre n'était encore qu'à l'état d'esquisse et il n'avait que quelques études imparfaites de têtes de pêcheurs qui ne pouvaient donner l'idée de son tableau.

Il ne faisait point mystère du sujet, mais seulement de la composition. Ce tableau était le pendant de ceux des *Moissonneurs* et de la *Fête de la Madone* exécutés à Rome et à Naples.

Comme Poussin, il voulait représenter les quatre saisons, mais avec les caractères variés et distinctifs de chaque partie de l'Italie. Rome lui avait fourni la peinture de l'été, Naples celle du printemps, Venise allait lui donner celle de l'hiver, et Florence eût composé son automne.

C'était la vendange en Toscane qu'il voulait retracer... Hélas! il ne lui fut pas permis d'achever ce cycle poétique. Après l'hiver, il ne put pas cueillir les fruits d'un autre automne. J'étais bien loin de croire à cette époque que Robert dût sitôt quitter la vie. Rien en lui n'annonçait, à l'extérieur du moins, le terrible projet qu'il mit si énergiquement à exécution.

L'art semblait une ancre qui devait le retenir longtemps attaché aux rivages du monde. Sa réputation était grande, sa considération parfaite, son aisance assurée et sa santé bonne. Il était même replet de corps et un peu bouffi de visage. Il se montrait en outre fort occupé de la composition de son tableau. Cependant, sous cette apparence tranquille, il paraît qu'il avait l'esprit travaillé par le souci: le cœur était plein d'amertume; il avait emporté de Florence le trait fatal, un amour sans espoir. Sa dernière œuvre, en cela, est la fidèle révélatrice des souffrances de son âme. Il est difficile de ne pas y voir, par le choix du sujet et l'invention des détails, un rapport douloureux avec ses propres tristesses. Ce départ des pêcheurs si grave et si mélancolique, ces femmes éplorées sur la rive, ce demi-jour levé sur la mer, cette vague sombre et agitée, tout cela n'était-ce pas l'image véritable d'une âme malheureuse et au moment du grand départ? Il n'est pas jusqu'à la vigne flétrie embrassant avec tant de peine de ses bras desséchés le mur délabré où s'appuie la vieille mère du pêcheur, qui ne soit un symbole de mélancolie et de découragement. Comme elle, il avait eu, sans doute, bien de la peine à relever la tête et à se rattacher à la vie. Son cœur avait demandé ce que l'art ne donne pas, et il n'avait rien obtenu. Pauvre Robert! tu avais touché à l'idéal du beau sur la terre et tu ne t'en étais pas contenté... Puisse le ciel, dans une autre vie, procurer à ton âme le bonheur qui lui fut refusé ici-bas et qu'il accorde si souvent à tant de natures moins élevées que la tienne!

# HERRERA LE VIEUX.

« L'Église en est toujours à Grégoire VII, seulement l'idée d'une théocratie bonne pour les temps d'ignorance ne semble plus convenable aux temps d'instruction et d'examen. La lutte de saint Bernard et d'Abélard n'est point terminée ; le premier, se méfiant de la nature humaine, veut lui donner un frein sûr, un tuteur infaillible, aussi va-t-il de l'extérieur à l'intérieur. Il prescrit une règle à chaque action, une direction à chaque pensée ; il place la vertu de l'homme sous la garde des autorités préposées à sa conduite et le fait marcher à la perfection chargé des liens de l'obéissance. L'autre fonde les devoirs sur la liberté, ne lui donne pour maître que la conscience et pour règle que la conviction ; il se fie davantage à la nature humaine et au principe qui gît en elle. Aussi veut-il faire de la raison la base de la foi et place-t-il dans l'intention le mérite et le démérite de l'action. Par conséquent, il tient l'usage des biens et des facultés que Dieu nous a donnés pour légitime lorsqu'on en use suivant ses intentions. Le premier système est peut-être plus imposant et plus artistique, le second plus conforme à la dignité de l'homme et à la nature ; il est en outre plus conforme à l'essence du christianisme. Le christianisme a eu pour but principal et pour mission de briser le joug théocratique, le règne des pharisiens, de soustraire les esprits à la tyrannie des formes pour les rendre à l'empire de l'obéissance individuelle. »

Ces paroles sont belles ; elles sont de M$^{me}$ Guizot et elles m'ont été bien vite rappelées à l'esprit par l'apparition du tableau de ce vieux maître espagnol, nouvellement acquis au Musée, et qui représente une assemblée de prêtres et de moines écrivant sous la dictée d'un évêque. Comme œuvre d'art, il y a là une fougue de pinceau, une brutalité de touche, une vigueur de coloris et une grandeur sauvage de dessin qui dépassent les toiles les plus accentuées du Caravage et de l'Espagnolet. C'est robuste, mais c'est effrayant. Tous ces hommes de sainteté réunis pour entendre et commenter la parole divine ont plus l'air de guerriers que de prêtres. Les plumes qu'ils tiennent aux mains sont portées comme des glaives ; on dirait qu'elles en ont le tranchant, et l'on sent, à les voir à l'œuvre, qu'ils vont faire une terrible besogne, rendre quelque décret de mort contre les hérétiques. Toutes les fureurs de l'inquisition respirent dans ces figures de bronze de la catholique Espagne.

Est-ce que, me disais-je en contemplant ces redoutables ascètes, ces faces de bourreaux enfroqués, une peinture semblable serait encore possible de nos jours? Est-ce que de pareilles pages ne sont pas à tout jamais reléguées dans l'histoire avec les fresques étranges du massacre de la Saint-Barthélemy qui ornent le vestibule de la chapelle Sixtine à Rome? J'aime à le croire ; cependant, il faudrait peu de chose pour les voir renaître, tant la faiblesse humaine est grande ; il faudrait moins de résistance aux prétentions et aux empiétements du pouvoir qui siège au Vatican. L'Église romaine, toute réduite et démantelée qu'elle est, combat toujours. La lutte n'est pas terminée ; ce n'est pas le protestantisme qui la soutient contre elle, mais la société civile. Fille de la raison, cette dernière voudrait marcher sans les lisières de Rome, mais Rome n'y consent pas et se maintient comme représentant seule le principe d'autorité et d'autorité infaillible. L'esprit mène le corps, dit-elle ; c'est donc à moi qu'est réservée par Dieu la conduite du monde civil. Toute son erreur est là. La société civile n'est pas seulement un corps, mais aussi un esprit de raison capable de se diriger dans les voies de Dieu par lui-même, car il procède de cette lumière qui, suivant la parole de Jean, éclaire tout homme venant en ce monde. D'un autre côté, l'Église a une tendance trop idéale pour qu'elle puisse absorber la société civile sans y perdre. Les vœux d'abstinence, de chasteté et d'obéissance, qui sont les signes de sa vocation, sont contraires aux sentiments de patrie, aux principes économiques de la reproduction et au besoin de mouvement nécessaire à la vie sociale des êtres. Le vrai pour l'Église, c'est de rester en dehors de la société civile et comme un point lumineux au sommet d'une montagne, de poser l'idéal sur lequel la société civile doit sans cesse se régler. Si l'Église veut durer, il faut qu'elle se résigne à n'être que la fontaine des consolations et des bons exemples. La fin du christianisme étant de pénétrer toute la société humaine comme l'huile imbibant une éponge jusqu'aux moindres fibres, le rôle de l'Église, et qui pourrait en trouver un plus glorieux ? serait, sans intérêt et sans profits temporels, de fournir incessamment cette huile d'amour et de charité.

## LA BATAILLE DE SALVATOR

Je ne connais pas de tableau de bataille où la férocité de la boucherie humaine ait été plus énergiquement exprimée que dans cette page du peintre de Naples. Ce n'est point la bataille à un quart de lieue de distance, enveloppée de fumée, à demi perdue dans les lignes du terrain, et où la mort frappe et fauche les hommes souvent immobiles et l'arme au pied, c'est la lutte corps à corps et qui laisse voir, par une proportion heureuse, en même temps et le mouvement de l'ensemble de la mêlée et le détail des combattants aux traits convulsionnés par la rage ou l'effroi. Là, point de pose académique ; des hommes robustes, cuirassés ou à demi nus, se poussent les uns sur les autres et s'étreignent à pied et à cheval de la façon la plus affreusement naturelle. Du sang, des cris et de la poussière, voilà ce que l'on voit et ce que l'on semble entendre. Les hommes se frappent et les chevaux se mordent ; les mains, les têtes coupées roulent sur la terre, et la poussière du sol est tout imprégnée de larges flaques de sang. Et tant d'acharnement, pourquoi? Pour assouvir bien probablement les plus basses et les plus honteuses convoitises du cœur de l'homme, pour satisfaire l'amour du gain, la soif du pillage, le désir de conquête, car le paysage du fond, qui représente la mer et des vaisseaux près du rivage, annonce ou fait supposer un débarquement et une guerre d'invasion.

Ah! quand l'on pense que cet horrible jeu de destruction est, depuis le commencement du monde, le fait journalier des peuples et l'objet des éloges de la plupart des rhéteurs, sacrés ou profanes, on se demande en quoi l'homme diffère de la brute! Un écrivain moderne disait, il n'y a pas longtemps : La nature n'ayant pas donné aux hommes comme aux autres animaux la faculté de se dévorer les uns les autres, on a dû y suppléer par l'invention des héros. Admirable invention, en vérité! car le héros n'est, la plupart du temps, que l'écrasante et bestiale personnalité du fou ou du scélérat. Examinez par siècles les guerres qui les remplissent, et vous verrez combien peu il s'en trouve de justes. On s'imaginait que le développement de la science, de l'industrie, du commerce et des beaux-arts changerait la condition des relations humaines, adoucirait les mœurs et rendrait inutiles et même impossibles les réapparitions de Bellone. Hélas! comme l'on se trompe! L'industrie et les arts n'ont fait qu'augmenter la cupidité et le désir des jouissances. Ils en ont allumé le feu dans le cœur des multitudes, et les voilà prêtes à se dévorer pour la possession des richesses, sans compter les nombreux ambitieux qui sont, eux aussi, tout prêts à exploiter leurs folies furieuses sur les champs de bataille de l'Europe et du nouveau monde. De là cette perpétuelle demande des cœurs sensibles: Y a-t-il progrès pour l'humanité sur la terre, et sa marche y est-elle autre chose que le tournoiement d'un animal aveugle dans un cercle ?

Comme j'en étais là de mes réflexions, je crus entendre ce dialogue poétique entre un de mes semblables et la terrible divinité qui a si bien présidé à l'œuvre de l'ami de Mazaniello :

### L'HOMME.

O guerre, affreux démon, implacable mégère,
Quand donc cesseras-tu d'épouvanter la terre,
D'ameuter les mortels à ton cornet d'airain,
De les précipiter l'un sur l'autre, et la main
Au glaive, de percer, tailler les chairs humaines,
Comme un boucher saignant les moutons par centaines?
Hélas! à tes fureurs je crains bien que la Paix
Dans sa pleine beauté ne succède jamais.

## LA GUERRE.

Tant que quelque Timour ivre et perdant la tête
Du tranquille univers tentera la conquête,
Tant que le droit sans force et le pâle innocent
Gémiront écrasés sous les pieds du puissant,
Tant que l'honneur, la foi, la liberté divine,
Dons célestes, seront menacés de ruine,
O fer! il te faudra resplendir ici-bas;
Car le vœu de celui qui nous créa n'est pas
Que triomphe du mal l'insolence grossière,
Mais que le noble enfant de la sainte lumière,
Le bien, ardent Phœbus, sous ses traits glorieux,
Fasse au néant rentrer les pythons monstrueux.
Le combat! le combat est nécessaire au monde,
Et doit durer autant que l'élément immonde.

# LA GALATHÉE DE RAPHAEL.

Lorsque le Sanzio peignit les salles de la Farnésine, il était dans toute la force de son talent, et bien certainement dans celle de l'amour. Oui, il devait être amoureux, non comme Dante l'était de Béatrice, mais comme Apelle l'était de Campaspe. On a beau dire que toute cette belle histoire de Psyché qu'il a retracée sur les murs du joli palais des bords du Tibre est le triomphe de l'âme, les admirables formes dont il a revêtu les corps de ses dieux et de ses déesses ne peuvent pas avoir été conçues par un esprit froid et une imagination tranquille. On prétend que, dans ce grand ouvrage, il ne pouvait travailler que quand sa chère maîtresse se trouvait près de lui, et que plus d'une fois le riche amateur qui l'employait, le banquier Agostino Chigi (chose étrange et que les mœurs du seizième siècle permettent de croire), eut l'obligeance de lui faire amener dans sa propre litière la jeune fille qui exerçait sur son âme un si grand empire. Alors la vue de sa maîtresse l'inspirait et le feu de son cœur animait d'une volupté suprême les ravissantes figures qui s'échappaient de ses doigts. Une des pages les plus enivrantes de cette histoire amoureuse, c'est le triomphe de la nymphe Galathée. Nous ne croyons pas que depuis les anciens on ait trouvé et composé un tableau aussi largement plein des flammes du fils de Cypris.

On dirait le début du poème de Lucrèce, et il semble qu'on entende chanter cette belle invocation :

*Æneadum genitrix hominum divumque voluptas,*
*Alma Venus !...*

Quelle vigueur dans les bras de ces tritons pressant les néréides ! Quelle volupté dans les mouvements des nymphes emportées et résistantes ! Quelle grâce dans ces amours voltigeant comme des oiseaux de l'air, ou se jouant légèrement à la surface des ondes ! Quelle beauté enfin dans cette jeune Galathée dominant toute cette scène bruyante et tumultueuse, debout sur son char, calme, les yeux au ciel et semblant d'un regard d'amour embraser l'empyrée.

Les artistes de l'antiquité, peignant la Cythérée au sortir des ondes, ont pu tracer d'aussi belles formes, mais peut-être n'ont-ils point composé un tableau aussi vivant et aussi complet. Rubens lui-même, ce maître, de la vie et du mouvement, n'a point produit de tritons plus robustes et plus enivrés d'amour ; il ne leur a point donné des reins plus souples et plus remuants, des joues mieux gonflées poussant le son hors des conques. Il est à penser que Raphaël connaissait les vers d'Angelo Poliziano sur ce sujet, car l'ordonnance de son tableau est parfaitement semblable à celle du poète.

Deux beaux dauphins tirent un char
Sur lequel Galathée est debout, gouvernant les rênes,
Et les deux beaux dauphins soufflent et nagent de front.
Autour d'eux se joue la plus folle troupe de tritons ;
Les uns crachent l'eau salée, les autres tournoient dans
[l'onde,
D'autres, ivres d'amour, bondissent et chantent.
La belle nymphe, avec ses fidèles compagnes,
Sourit gracieusement en écoutant leurs chants incultes.

Cette description est charmante et d'un goût vraiment antique ; il semble qu'avec du savoir, il n'y ait qu'à la traduire exactement sur la toile pour en faire un magnifique tableau ; mais regardez un peu plus l'œuvre du Sanzio et vous verrez comment il a su ajouter de nouvelles beautés aux vers du poète. Il a peuplé l'air d'amours voltigeants et mêlé sur les eaux les formes pures et sereines de l'enfance aux formes rudes et sauvages des dieux de la mer. Puis, au lieu de faire sourire gracieusement la belle nymphe, il lui a tourné amoureusement les yeux vers le ciel, action plus grande et plus divine et qui donne à toute cette scène d'ivresse amoureuse une signification profonde. Ici le peintre a surpassé le poète : la nymphe n'est plus un être de second ordre, c'est Vénus elle-même.

## L'ACHILLE.

De cette admirable nature, on peut dire : Voilà l'homme ! Oui, voilà l'homme dans toute sa force, sa grâce et sa beauté. Ce n'est point l'idéal des qualités humaines, le Dieu sous une forme mortelle, l'Apollon, le Bacchus, le Mercure, l'Hercule, c'est l'homme jeune, fort, svelte et vivant, le plus bel échantillon du travail de la nature en ce genre.

Quelle juste proportion de tous les membres et comme ils sont bien agencés pour l'action ! La poitrine large, bombée, capable de contenir un grand cœur, est posée sur des reins vigoureux et flexibles. Les bras qui l'accompagnent sont nerveux et musclés, les pieds cambrés, mais solides ; les jambes fines, mais fermes, leur correspondent d'une façon logique. Comme ces quatre instruments d'action sont merveilleusement construits pour leur but ! Comme on sent que les uns frapperont des coups mortels à l'instar de la foudre, et que les autres courront plus vite et plus légers que les vents dans la poussière du stade. Et toute cette harmonie corporelle est surmontée d'une tête bien faite, ni trop grosse, ni trop petite, jeune, sans barbe, mais virilement belle et royalement intelligente. Oui, c'est bien là l'image de l'homme, telle qu'un Phidias a pu la concevoir et la modeler d'après Homère. C'est bien là l'homme qui sera le premier aux jeux de la danse et de la lutte, l'homme qui aimera avec tout l'emportement de la passion et combattra avec toute l'énergie du courage, l'homme qui n'abandonnera pas Briséis sur l'ordre d'un orgueilleux monarque, l'homme qui, en apprenant le meurtre de son ami, se roulera trois jours par terre de douleur et de désespoir, mais qui se relèvera terrible le quatrième et ira venger son trépas ; l'homme, enfin, qui aura pitié des larmes d'un vieux père et lui rendra le corps de son fils en gémissant et en pleurant lui-même. Oui, voilà bien l'homme dont la beauté du corps fait deviner celle du cœur, l'homme de la simplicité et de la nature dans sa plus noble et sa plus vivante expression, mais rien que l'homme instinctif, sensible et borné à l'action terrestre.

# LE JUGEMENT DERNIER DE MICHEL-ANGE

> Le Seigneur. Je ne serai point indigné à jamais.
> (Isaïe.)

On a bien fait de se servir de l'ancienne chapelle de l'École des beaux-arts pour y placer la copie du *Jugement dernier* par Sigalon. Bien que réduite un peu et d'un trait moins fier et moins vigoureux, elle rappelle le cadre de la Sixtine et donne une assez juste idée de l'œuvre du grand Florentin.

Cette page de Michel-Ange est certainement la tentative la plus audacieuse de la peinture. C'est un empiétement sur le poème, une excursion dans le domaine de l'épopée. La difficulté pour une œuvre d'une pareille étendue était grande. Il fallait présenter à l'œil du spectateur le sujet d'une façon si nette et si simple qu'il en fût ému du premier coup et qu'à mesure que le regard en pénétrait les détails, son impression fût de plus en plus profonde. Or, à bien considérer cette fresque immense, le plus vaste travail qui soit sorti de la main d'un homme, en ce genre, le problème nous semble parfaitement résolu. C'est tout un monde en mouvement, mais tout un monde qui a son unité dans un point visible et dominant, le Christ. Composé en quadrilatère plus haut que large, ce tableau contient onze groupes de figures. Celui qui renferme le Fils de Dieu et les saints les plus méritants est placé à peu près au milieu et se détache de tous les autres par la zone lumineuse qui l'enveloppe et par la proportion plus grande de ses personnages. Là, le juge suprême, debout et porté sur un nuage, voit toute l'humanité, à l'appel des trompettes célestes, monter à lui, se ranger près de lui ou s'en éloigner. A ses côtés et derrière lui, l'espace s'emplit de bienheureux à mesure qu'ils arrivent sur les ailes invisibles d'une pure conscience. Au-dessous de lui descendent et roulent dans les abîmes de l'enfer les coupables foudroyés par son geste terrible. Enfin, au-dessus de sa tête, les esprits angéliques portent en triomphe le signe de la rédemption et bâtissent les fondements de la Jérusalem nouvelle.

Le sujet admis, il n'était guère possible de le rendre d'une manière plus compréhensible et plus conforme au texte des livres saints. Rapprochez de cette conception celle que les vieux peintres de Pise ont exécutée sur les murs du Campo-Santo et, bien qu'elle

renferme de grandes beautés, vous verrez combien
Michel-Ange l'emporte en mouvement, en vigueur,
en science et en raison. Quand on pense qu'il se trouve
en cette œuvre près de deux cents figures dans les
attitudes les plus diverses et les positions les plus extraordinaires, et que l'auteur avait plus de soixante
ans au moment où il entreprit sa tâche, on reste confondu d'étonnement et stupéfait d'admiration devant
la force et la fécondité d'un tel génie. Certains criti-
ques ont prétendu que ce sujet n'avait été pour lui
qu'un moyen de déployer sa science d'anatomiste,
qu'un thème a raccourci, à torses contournés et musclés, et que cet amas de bras, de jambes, d'omoplates
et de pectoraux fatiguait l'esprit et laissait froids le
cœur et l'imagination. Nous ne sommes point de cet
avis. A la première vue, l'ordonnance de ce tableau
vous jette l'âme dans une sorte de terreur grandiose.
Cette terreur augmente à mesure que l'on découvre par
plus de contemplation les pensées qui se rattachent au
fait principal et qui sont rendues avec l'expression la
plus énergique et la plus vraie. D'abord, quel terrible
geste que celui qui est prêté par l'auteur au Fils de Dieu !
Pouvait-on en trouver un plus significatif et tradui-
sant mieux le « *Ite maledicti* » de l'Évangéliste ? Le
corps de Jésus, tout transfiguré, est celui d'un Hercule
adolescent dont le front rayonne de jeunesse ; force et
jeunesse, symboles de l'éternité de vie. A ses côtés, sa

mère, la douce Marie, détourne la tête et les yeux avec une tristesse douloureuse; on sent qu'elle a prié et qu'elle n'a pu fléchir le souverain juge. C'est, selon nous, une sublime idée que d'avoir placé en ce moment la mère des miséricordes auprès du punisseur suprême. Elle donne à sa justice un caractère de nécessité inflexible. C'est aussi sans doute dans le même sens qu'il faut interpréter la pantomime de tous les martyrs de la foi s'empressant de montrer au Christ les instruments de leur supplice. L'un lui présente sa peau, qui fut enlevée à son corps lorsqu'on l'écorcha, l'autre, la croix à laquelle il fut cloué, l'autre, le gril de fer sur lequel il fut brûlé. Tous semblent lui dire : Voilà ce que nous a valu ton amour; serait-il juste que la méchanceté partageât notre triomphe? Le vieil Adam lui-même est au milieu de ces martyrs, regardant d'un air ému et sombre la colère du Christ et paraissant presque la craindre pour lui-même, car à tous ces malheureux qui vont subir leur peine, il a donné la vie et l'exemple du mal. Ce chœur de saints et de patriarches est conçu dans un sentiment de force idéale vraiment extraordinaire. Nous ne croyons pas qu'il soit jamais sorti du cerveau du peintre des êtres plus titaniques que l'Adam, le saint André, le saint Pierre et le saint Barthélemy. Quant à la foule des bienheureux qui s'entasse et s'allonge indéfiniment dans le ciel à la suite du groupe principal de Jésus et des patriarches, elle n'est pas moins féconde en idées belles et touchantes. Ceux qui paraissent sur le premier plan et qui voient, comme malgré eux, la punition terrible sont saisis d'une sorte de pitié craintive. Il y a même une jeune fille qui, pour ne pas regarder, se cache la tête dans le sein de sa mère et l'enlace dans ses bras de toute sa force. Cependant, dans les plans secondaires, les sauvés paraissent plus occupés de leur félicité nouvelle que du sort fatal de leurs frères. Ce ne sont que pères et enfants qui s'embrassent, amis qui se reconnaissent, époux et épouses qui se retrouvent, et toutes ces félicités morales sont justement et naïvement rendues par les attitudes les plus variées.

Maintenant, si l'on descend aux groupes des damnés, que d'expressions terribles et multiples dans la manière de subir le jugement!

Ceux-ci luttent avec les anges et semblent vouloir emporter d'assaut le royaume du ciel, ceux-là roulent, vaincus, dans l'abîme sous la main des démons qui les entraînent. Il en est un qui y descend entouré des replis d'un serpent et, comme dirait le poète :

> Tout chargé des liens de son iniquité.

En cette âme, il ne semble pas qu'il y ait révolte contre la sentence divine, mais acquiescement muet et désespéré. La tête dans les mains, l'œil morne et pensif, ce damné est l'image parfaite de la conscience du crime et de la vue profonde du châtiment qui l'attend. Cette figure est sublime. Quant aux misérables plus vulgaires qui sont portés au gouffre sur la barque ailée d'un Caron infernal, souvenir puissant des imaginations dantesques, ils sont à demi abrutis par la peur. Déjà ceux d'entre eux qui ont touché les bords du Tartare participent de la forme des démons, et ce pêle-mêle de natures altérées, monstrueuses et tirant sur la bête, est battu, poussé, culbuté par les génies de l'enfer dans des poses grotesques et des grimaces bouffonnes qui indiquent une explosion de rires et de quolibets, expression extrême et la plus endiablée de la haine du ciel.

Sur le même plan, tout au bas du tableau, le groupe parallèle à celui des damnés n'est pas moins effrayant. C'est celui des êtres humains qui, soulevant la croûte de terre de leurs tombeaux au bruit des trompettes célestes, passent de l'état de mort à l'état de vie. Là, les divers degrés de la résurrection sont très bien sentis et exprimés. Depuis le squelette pur à l'homme charnu, depuis l'étonnement du renaître à la satisfaction du revivre, tout a été rendu par l'artiste avec une vérité surprenante. Plusieurs de ces ressuscitants ont des mouvements d'une justesse admirable; il y en a qui montent dans les cieux d'eux-mêmes et rapides comme la flèche, d'autres qui s'essaient, et d'autres enfin qui ont besoin de l'aide des anges pour arriver au Christ. Le jeu des membres et leur disposition en font parfaitement sentir la lourdeur ou la légèreté. Chose singulière! dans cette grande composition, c'est à peine si l'on trouve une figure d'enfant. Les anges y sont privés d'ailes et ne se distinguent pas des bienheureux. Tous les corps primitivement étaient nus. On a cru devoir en voiler un grand nombre. A-t-on bien fait? Le parti pris par Michel-Ange était naïf et de plus dans la vérité. La résurrection des corps n'entraîne pas celle des vêtements.

A l'égard du coloris de cette immense page, il n'était guère plus avancé que celui des vieux maîtres du Campo-Santo, des blancs et des noirs, des noirs et des blancs. N'importe, cela suffisait pour faire ressortir le vigoureux contour des corps et compléter la vie et le mouvement déjà donnés par le dessin. Sur ce point, l'œuvre de M. Sigalon, un peu moins enfumée que la fresque de Rome, ne contredit pas le ton de l'original, et il faut l'en louer.

Plus je contemplais ce tableau, plus je trouvais merveilleuse l'imagination qui avait su si bien se rendre compte du dernier drame présumé de l'humanité, et qui, dans un si petit espace, avait fait sensible le spectacle d'un événement prodigieux et devant embrasser l'infini. Il me semblait aussi que l'art du dessin avait dit là son dernier mot et qu'il ne pouvait plus tenter un pareil effort. Or, comme je me plongeais dans ces réflexions, peu à peu le jour se retirait de la chapelle, peu à peu l'œuvre s'effaçait dans les ombres et y disparaissait comme un rêve. O rêve terrible, m'écriai-je, tu n'en fus pas un pour le grand peintre qui t'a exprimé avec tant de labeur et de force! Certainement il a cru à ta réalisation future, il a cru à la récompense et à la punition de l'âme humaine après la mort du globe et de ses habitants, car les idées d'équilibre, de justice et de réparation l'exigent; mais a-t-il cru à l'éternité de la punition, lui, le penseur chrétien, le platonicien aux formes bibliques? Et je m'en allai en me demandant plusieurs fois : Michel-Ange a-t-il cru à l'éternité des peines?

## PAUL POTTER.

J'ai vu au Musée de la Haye une des pages les plus brillantes de cet excellent artiste, et peut-être son chef-d'œuvre : les *Taureaux au pâturage*. C'est un tableau d'une grande dimension, d'une couleur puissante et d'un dessin très large et très ferme. Les animaux sont couchés près d'un arbre derrière lequel un bouvier à barbe inculte et à cheveux gris se tient en gardien. L'un d'eux, au poil roux marqué de blanc, est debout et fait face au spectateur. Il est superbe de forme et d'allure. On sent que c'est là vraiment le roi de la plaine, et on peut dire qu'il écrase l'homme de sa majesté.

La peinture que la France possède au Louvre du même artiste n'a pas sans doute autant de grandeur, mais elle est digne de figurer à côté des taureaux du Musée de la Haye. C'est encore un groupe des mêmes bestiaux, mais cette fois ils sont seuls, livrés à eux-mêmes et vivant à leur gré sur le gazon frais et savoureux d'une vaste plaine. Un ciel d'été nuageux et pesant les surmonte. Un de ces beaux animaux, sentant venir l'orage, s'est levé, et, haussant la tête d'un air d'inquiétude, il pousse en l'air des beuglements. On croit les entendre et l'on s'étonne que le pasteur ne soit pas déjà apparu pour mettre le troupeau sous un abri protecteur. Toute cette scène d'une simplicité antique est rendue avec la même précision et la même poésie. C'est la nature prise sur le fait, sans exagération et sans vulgarité. On ne peut pas regarder les tableaux de Paul Potter sans être intimement persuadé qu'ils sont le produit non d'un rhétoricien de la palette et du crayon, mais l'œuvre d'un véritable ami de la nature rustique et des beaux et bons animaux qui l'habitent et la récréent. On trouve chez tous les peuples civilisés bien des artistes éminents pour rendre les grands aspects de la terre et les diverses passions de l'homme, mais ce n'est guère qu'en Hollande que l'on rencontre aussi fréquemment et aussi profondément l'amour des bêtes. On sent qu'il n'y a jamais eu là dédain des humbles compagnons de notre existence et qu'on y a toujours compris leur rôle important dans la chaîne des êtres. Et comment en eût-il été autrement sur le sol où Spinoza prit naissance et où l'on vit combattre si bravement les bons soldats de la guerre des Gueux?

Plus nous allons, plus nous nous éloignons du temps où les illustres philosophes français, Descartes et Malebranche, affirmaient que les animaux n'étaient que de pures machines. Ces grands esprits, si justes dans leurs belles conceptions spiritualistes, se trompaient sur ce point. Depuis eux on a beaucoup étudié les animaux, et, après mûr examen, on leur a accordé, non seulement de la sensibilité, ce qui va de soi, mais encore du sentiment et même des commencements d'idée. Enfin on est revenu à l'avis de La Fontaine, qui soutenait avec une malice très spirituelle que les bêtes ne sont pas si bêtes qu'on le pense. Il est certain que ces êtres intermédiaires se trouvant les plus rapprochés de l'homme, et entrant de plus en plus dans sa société où ils lui rendent journellement des services, méritent d'être traités avec déférence et même avec amitié. Les espèces nuisibles écartées, il en est un grand nombre que l'homme a intérêt à conserver pour son utilité et son agrément. Si une loi de nature impitoyable nous force à les sacrifier à nos besoins, ménageons-les pendant leur vie et adoucissons leur sort jusqu'au dernier moment.

On a fait bien des hypothèses pour expliquer leur apparition ici-bas. Platon, entre autres, a pensé que certaines âmes coupables devaient, en punition de leurs fautes, revenir sur terre dans des corps de bêtes. Si cela est, qui le sait?

Mais en le supposant, maltraiter un animal serait certainement ajouter au supplice d'une âme. Quoi qu'il en soit, les animaux ont eu de tout temps des chevaliers pour défendre leur cause pendant le paganisme et les jours bibliques, et surtout depuis le christianisme. Pline l'Ancien parle des vertus d'un dauphin qui aimait un enfant des bords du lac Lucrin et qui l'avait sauvé au moment où il allait se noyer en jouant dans les ondes. Saint François d'Assise traitait les oiseaux de frères et s'entretenait familièrement avec eux. Les lois de Moïse contenaient des préceptes protecteurs à l'égard des bœufs et des vaches. Enfin les Indiens et les Égyptiens élevaient au rang des dieux presque tout le règne animal.

Quant à nous, certes, nous n'allons pas si loin, mais nous devons déclarer que nous ne passons jamais dans une galerie où brillent des toiles dues au pinceau des Paul Potter, des Karel Dujardin, des Cuyp et des Van den Welde sans bénir ces braves enfants de la Flandre et de la Hollande, qui furent les peintres ordinaires de l'animalité et qui ne sont pas les moindres dans la famille des grands artistes.

## LE LAOCOON.

Encore un noble ouvrage, bien qu'il date d'une époque où l'art grec approchait de la décadence. Le modèle de ce groupe fameux est à Rome. C'est, dit-on, une reproduction de l'œuvre des trois statuaires de l'île de Rhodes, Polydore, Athénadore et Agesandre. Pline l'Ancien assure que le groupe original avait été taillé dans un seul morceau de marbre. Suivant Buonarotti, le marbre actuel serait de trois morceaux différents. N'importe, les copies de ce chef-d'œuvre, en marbre ou en fonte, donnent l'idée d'un merveilleux travail et présentent dans l'art l'expression la plus vive des souffrances du corps humain, car la Niobé est l'expression de la douleur morale.

Quel plus beau sujet pour la science anatomique d'un artiste et pour son habileté de main que ces trois corps d'hommes à différents âges enlacés dans les plis vigoureux de deux énormes serpents et mordus par leurs dents féroces ? Les auteurs ont choisi dans l'épisode de Virgile le moment où le fils de Priam, venant au secours de ses fils, est lui-même saisi et déchiré.

> Ille simul manibus tendit divellere nodos,
> Perfusus sanie vittas atroque veneno
> Clamores simul horrendos ad sidera tollit.

La statuaire, qui n'a qu'un moment à rendre, ne pouvait pas faire davantage. Cependant, les auteurs ont mis dans leur action une grande diversité. L'enlacement des corps par les deux monstres est fort bien entendu et relie habilement, selon les conditions architecturales et symétriques du groupe, les deux enfants au père. L'attitude du prêtre de Neptune qui occupe le centre, assis sur un banc de pierre ou même sur l'autel du sacrifice, a paru un peu théâtrale ; mais, à bien la considérer, où trouver, tout en demeurant dans le sujet, une pose artistique qui laissât mieux voir l'étendue du corps et toutes ses beautés viriles ? Le torse, les cuisses et les jambes sont pleins de puissance et de vie. Pas un muscle qui ne tressaille et ne soit mis en relief par la souffrance. La tête barbue et chevelue porte l'empreinte de la douleur la plus vive, et pourtant la contraction des traits du visage n'en altère pas la majesté. Quant aux enfants, rien de plus naturel que leur pantomime. Le plus jeune, enlevé et serré contre le genou de son père par les nœuds de l'un des serpents, jette son bras libre dans l'air d'une façon toute désespérée. Il semble que l'on entende son cri déchirant : Je suis perdu ! Cette figure est sublime. L'autre, plus âgé et plus vigoureux, emploie ce qu'il a de force à se dégager de l'étreinte des reptiles dont il n'a subi encore aucune morsure. Il y a là, ce nous semble, de la part des auteurs du groupe une intention évidente de tempérer l'impression de terreur produite par l'aspect général du combat, en montrant ce jeune homme engagé seulement par un bras dans les replis des animaux et laissant aux spectateurs l'espoir qu'il se sauvera.

En somme, c'est un magnifique ouvrage, et plus on l'analyse, plus on y découvre d'étonnantes beautés. Cependant, on ne peut pas y arrêter les yeux très longtemps. La vue de la douleur physique, même ennoblie par l'art, fait éprouver une émotion qui est plus du domaine des esprits grossiers que des âmes délicates.

# LES FRÈRES LENAIN.

---

Oh ! les braves artistes que ces gens-là ! Eux seuls, dans l'art, au XVII° siècle, ont pensé au peuple avec Vauban, Fabert, La Bruyère et Fénelon. Nés près des Flandres, à l'extrémité de la Picardie, à Laon, tandis que les Poussin, les Lesueur, les Sébastien Bourdon et les Lebrun s'échauffaient aux rayons splendides de la peinture italienne, eux, dans leur coin modeste, suivaient les traces exactes de l'ancienne école de Bourgogne et continuaient les études savantes, précises et colorées des Fouquet et des Clouet, la bonne tradition française. Seulement, ce n'est pas à la seule peinture du portrait qu'ils se sont adonnés, mais aussi à la représentation des scènes d'intérieur et de mœurs populaires. En cela, on les voit différer encore des artistes espagnols et flamands. Avec eux, point d'insouciants lazzarones comme chez Murillo, point de besaciers et de nains difformes comme chez Vélasquez, point de magots grotesques comme ceux de Téniers et de buveurs avinés comme ceux de Brawer. Leurs personnages, pris d'ordinaire dans les travailleurs des campagnes, ont bon air et bonne conformation. C'est le côté grave, un peu triste, mais non sans dignité et sans noblesse des classes inférieures ; c'est en un mot la partie honnête des gens de métier, la nation peinante et résignée, celle qui a le poids des charges, paye l'impôt et donne son sang au pays.

Le Louvre possède de cette famille d'artistes malheureusement un trop petit nombre de tableaux, mais ce sont des chefs-d'œuvre. Il y a d'abord une procession de prêtres en habits sacerdotaux qui paraît être une collection de portraits d'un fini précieux et d'une puissante couleur ; puis une forge en travail d'un effet saisissant ; et enfin le tableau donné par M. Lacaze et que l'on pourrait appeler la *Charité du peuple*, composition à plusieurs personnages fort bien entendue et traitée de la manière la plus large et la plus magistrale. Rien, au reste, de plus simple et de moins cherché que cette dernière œuvre, et pourtant rien de plus vrai et de plus intéressant.

Le maître d'une chaumière du nord de la France installé dans une salle basse peu éclairée et presque nue, a fait asseoir à sa table, qui elle-même n'est qu'une planche posée sur deux tréteaux, un paysan âgé et ses deux fils qui paraissent fatigués d'une longue route. Leurs pieds sont nus, souillés de poussière, et leurs vêtements de bure grise fort délabrés ; plus d'un trou s'y aperçoit. Le vieillard, assis sur un escabeau de bois, les genoux joints et les mains collées à son feutre, semble faire le récit de sa misère et de ses souffrances. Le maitre laboureur l'écoute avec beaucoup d'attention et tient à la main un verre de vin qu'il va lui offrir, aussitôt qu'il aura terminé son discours. Pendant ce temps, le fils ainé, homme de vingt ans, assis également en face de son père, boit avec avidité un verre de vin, ce que va faire probablement après lui son petit frère, qui se tient respectueusement debout à son côté. Plus loin, au fond, près de la cheminée, la femme du laboureur attend en silence que son mari lui donne des ordres, tandis que le fils de la maison, garçon de quinze ans, debout derrière le maitre de céans et son violon à la main, s'apprête à faire entendre un petit air de musique, afin de récréer le cœur de ces pauvres gens un peu réconfortés. Telle est la scène. Quels sont ce vieux et ses deux fils ? des mendiants ? Oh ! non assurément, mais bien plutôt des ouvriers de campagne, de petits laboureurs évincés de leur propriété par quelque malheureux événement, l'incendie, l'impôt, le soldat, comme dit La Fontaine, le soldat bien probablement. Des bandes de pillards et de maraudeurs sorties des armées d'un duc de Lorraine ou d'un prince de Condé, dans les troubles de la Fronde, ont passé par le village de ces infortunés, et le vieux père raconte comme quoi il a tout perdu, ses bestiaux, son chaume et sa femme, comme quoi il a été obligé de se sauver avec ses deux fils et de marcher longtemps, bien longtemps, pour se soustraire à la violence et à la rapacité des routiers. Le laboureur écoute le pauvre homme avec un air d'effroi mêlé d'attendrissement, qui témoigne des grandes misères qui lui sont racontées. On dirait qu'après le récit il va lui dire : Allons, père, un bon coup de vin, cela vous remettra le cœur ; puis il cassera la croûte avec lui, et les pauvres gens auront un gîte et un lit de repos pour la nuit. Certainement, il y a là un épisode de la vie des Lenain ; ils ont vu ces choses malheureuses et les ont traduites au vif et au naturel sur la toile.

Ce tableau, avons-nous dit, est d'une parfaite ordonnance, sans prétention et sans effet. Les visages, qui sont de véritables portraits, expriment justement l'émotion et la pensée des personnages. Ils sont dessinés, ainsi que les pieds et les mains, avec une grande habileté et une grande finesse. Quant à la peinture de l'ensemble, elle est d'une couleur très harmonieuse. La gamme générale est grise, mais relevée originalement par des teintes rouges jetées çà et là sur les vêtements, le cotillon de la femme du laboureur, par exemple, et dans les accessoires, comme le vin au fond des verres et la calotte des enfants. En somme, une page d'histoire anecdotique du xvii° siècle écrite avec un sentiment vrai et un style remarquable.

Oui, répétons-le, c'étaient de véritables maîtres que ces Lenain, des réalistes de bon aloi : c'étaient aussi de braves cœurs.

## DEVANT LES NIOBIDES.

C'était l'œuvre, dit-on, de Scopas, l'œuvre du ciseau grec descendant de la splendeur sereine des dieux à l'expression mobile des passions humaines. La contemplation de ces douloureuses figures m'émeut toujours profondément..... Si, telles qu'on les voit aujourd'hui dans un endroit clos, sous un jour peu abondant, à quelques pieds de terre et dans un ordre supposé, l'effet en est encore aussi grand, que ne devait-il pas être lorsqu'elles se déployaient à leur vraie place, à une hauteur considérable, à la distance voulue et calculée par l'artiste, en un mot lorsqu'elles se détachaient sur le champ bleu du fronton d'un vaste temple de la Grèce? Bien que plusieurs figures soient douteuses, elles ne choquent point et leur ensemble compose un poème d'une beauté incomparable; c'est une tragédie de Sophocle en marbre, une tragédie semblable à celle du vieil OEdipe, l'invisible vengeance des dieux.

Des deux extrémités de la ligne horizontale sur laquelle sont rangés les personnages du drame, en s'avançant vers le centre, on voit de malheureux et beaux jeunes gens de sexe et d'âge différents, les uns couchés à terre et frappés de mort, les autres à demi renversés ou s'enfuyant, la terreur empreinte sur le visage. Celle-ci semble enracinée au sol, le front bas et stupide d'effroi ; celle-là implore, en fléchissant à demi les genoux, les miséricordes du ciel ; cet autre, la tête couverte de son manteau, court à pas précipités comme un fou. Chaque attitude répond admirablement aux sentiments de chaque âge. Le pédagogue lui-même, le gouverneur de toute cette belle jeunesse sacrifiée, exprime, par l'altération de ses traits et leur inquiétude, la crainte qu'il a d'être enveloppé dans la punition commune. Il semble que l'on entende le sifflement des flèches. Dominant par sa taille de reine ce groupe lamentable, Niobé, point central de la composition, est presque entièrement droite. Tandis que d'une main elle presse contre son sein la plus jeune de ses filles, de l'autre elle élève au-dessus d'elle un coin de sa tunique comme pour dérober la pauvre enfant à la vue perçante des divins archers. Sa tête est renversée à moitié sur ses épaules et ses yeux sont fixés sur le ciel. Quoique mère de sept enfants, elle est jeune encore et dans tout l'éclat d'une beauté qui, sans légitimer son orgueil, le fait comprendre vis-à-vis de Latone. Rien de plus grand que son attitude, de plus touchant que l'expression de son visage. Nulle contraction n'altère la pureté de l'ovale, seulement deux ruisseaux de pleurs le sillonnent. La bouche est entr'ouverte, mais on sent que l'excès de la douleur n'en laisse échapper aucun cri. Ses yeux parlent pour elle; ils semblent dire aux puissants ennemis qui la brisent : Quelle qu'ait été mon offense, vous qui voyez mes larmes et l'angoisse de mon cœur, irez-vous jusqu'au bout? m'enlèverez-vous ma dernière espérance, l'innocente enfant que je presse contre mon sein? Ah! si vos flèches doivent l'atteindre jusque dans les bras d'une mère, tuez-moi donc avec elle! — Il y a là une douleur profonde, impuissante, passive... *Saxea effigies*. Laocoon est homme, et l'attaque funeste qu'il éprouve semble moins inévitable. Aussi soulève-t-il le corps pesant des reptiles, et, tout en implorant la pitié du ciel, essaye-t-il d'éloigner la gueule des monstres de son flanc et de celui de ses fils. Il lutte; Niobé, non... Elle connaît trop la force de ses ennemis, elle ne leur oppose que sa vie et ses larmes, se contente d'abriter sa fille et de la couvrir de son corps. C'est le symbole de la faible humanité aux prises avec la colère omnipotente du maître des choses. Par la combinaison de la beauté unie au sentiment du désespoir, le créateur de ce drame effrayant a atteint dans la figure de Niobé le sublime de la douleur. Impossible d'aller plus loin dans l'expression d'un pareil sentiment, impossible aussi de rester froid devant ce chef-d'œuvre, et, si l'on est père, de ne pas serrer ses enfants dans ses bras et de pas trembler à l'idée qu'on peut d'un jour à l'autre être abimé dans une douleur semblable à celle que ce beau marbre exprime.

*Ineluctabile fatum! ineluctabile fatum!*

# RAPHAEL SCULPTEUR.

Raphaël a-t-il sculpté? Quelques historiens le prétendent, et on lui attribue plusieurs ouvrages en divers lieux. Je n'ai point vu la tête conservée au musée de Lille, mais j'ai vu le Jonas de l'église de Sainte-Marie du Peuple à Rome. Rien de plus charmant comme conception et comme ligne que cette statue. Autant qu'il m'en souvient, Jonas vient d'être rejeté du ventre de la baleine. Assis sur un rocher et tout humide encore des baisers de la mer, il recouvre ses membres nus des longs plis d'un manteau. Le mouvement de ses bras est plein de grâce. Aucune trace d'amaigrissement et de souffrance n'apparaît sur son beau corps. Sa tête baissée et pensive est ombragée par de longs cheveux à l'Antinoüs. Là encore se retrouve la fusion du sentiment moderne et de la forme antique. Qu'on se figure un jeune Apollon tombé du ciel pensant à ses fautes et au juste courroux du Tout-Puissant. Il n'y a guère que Raphaël qui ait pu être l'inventeur d'une œuvre aussi ravissante de pose et de figure. L'a-t-il exécutée? Je ne le pense pas. Je crois, comme la plupart de ses biographes, qu'il a pu en donner le dessin, et que, sur ce modèle, son élève Lorenzitto, le sculpteur, a taillé le marbre que l'on voit encore. Je crois qu'il en a été de même pour les divers morceaux qu'on lui attribue. Si Raphaël n'a pas pratiqué l'art de Phidias comme Michel-Ange, c'est que la destinée lui a mis, dès le bas âge, un pinceau à la main au lieu d'un ciseau. Nul doute qu'avec la souplesse de son génie et l'adresse de sa main il n'eût obtenu dans la statuaire des succès comparables à ceux qu'il obtint dans la peinture. Il était grand dessinateur, et le dessin est le père de tous les arts plastiques. Que l'on parcoure la série de ses nombreux ouvrages et l'on y trouvera une foule de beaux motifs de sculpture. Quant à l'architecture, on sait qu'il était un des premiers artistes en ce genre de son temps. Si j'étais sculpteur, je me donnerais le plaisir d'exécuter en statue le charmant Apollon qui pince de la lyre dans une des niches du temple de l'*École d'Athènes*. J'exécuterais aussi toutes les belles cariatides des fresques du Vatican, que le burin d'Audran nous a si bien rendues, ainsi que les motifs de ses nombreux dessins gravés par Marc-

Antoine ; je ne manquerais pas non plus de modeler de grandeur naturelle, et comme motif charmant d'un dessus de fontaine, la gracieuse statue de l'*Abondance* peinte, si ce n'est par Raphaël, du moins sous son inspiration, dans le joli tableau de chevalet auquel on a fait les honneurs du grand salon.

## LE VOYAGE À L'ILE DE CYTHÈRE.

Nous ne possédons dans la galerie des peintres français qu'un seul tableau de Watteau, mais quelle page! Les toiles de Rubens et de Claude Lorrain ne l'emportent pas sur elle en vie et en couleur. C'est un pèlerinage de jeunes amoureux au royaume de la déesse suprême. Par une belle matinée d'été, toute cette jeunesse en robes et en pourpoints de soie aux couleurs chatoyantes s'embarque, deux à deux, sur une riche gondole amarrée au rivage et conduite par une bande d'amours remuant la rame ou voltigeant autour des mâts. Le soleil levant enflamme les airs, la terre et l'onde; les pins aux verts chapeaux et les coudriers touffus murmurent au souffle des zéphirs; les fleurs des prés s'entr'ouvrent, exhalent leurs parfums; les tourterelles roucoulent dans le haut des arbres; enfin toute la nature chante un hymne à l'amour. Partez, partez bien vite, heureux humains couronnés des fleurs du bel âge, et ne perdez pas une minute des douces heures que le temps vous accorde! Partez! car le plaisir, sinon le bonheur, vous attire au milieu de l'île sacrée. Pour moi qui reste attaché au rivage, cette scène ravissante me charme moins par les grâces et les airs voluptueux de ses personnages que par la splendeur de la nature qui l'encadre, et l'effusion incomparable de lumière qui est répandue dans toutes ses parties. Cette magnifique coloration des premiers plans, ce fond lumineux où se perdent les neiges rosées d'une foule de cimes, ces eaux enflammées et resplendissantes me ravissent l'âme et me transportent en pensée aux pays de la pure lumière, me ramènent aux jours où, sur les bords de la mer de Naples, j'assistais aux merveilles d'un soleil se levant sans brume et sans nuage. Quel spectacle divin! Qui en a joui une fois peut-il jamais l'oublier? C'était des hauteurs du Pausilippe que je le contemplais un matin. Le ciel s'entr'ouvrait comme une rose, et son roi, son prince étincelant, sortant du sein des mers, montait radieusement dans l'azur. Les rivages brillaient comme de l'or, leurs pentes ombragées reluisaient comme des émeraudes, et, à mesure que le globe de feu s'élevait, l'œil pénétrait sans peine jusqu'aux points les plus reculés de l'horizon. Les moindres objets s'y apercevaient, et le fond bleu de l'éther, tout jaspé de petits points blancs, semblait vibrer sous l'effusion des ondes lumineuses. J'étais comme un homme qui, habitué à l'obscurité d'un cachot, voit tomber tout à coup les murs qui lui cachent les cieux. Mon âme envahie par ce grand flux de lumière semblait plus à l'aise et avoir regagné une partie de ses ailes, car elle embrassait par la fenêtre des yeux une plus grande somme de choses, et voir c'est avoir, a dit le poëte. Aussi dans mon enthousiasme je m'écriai : Tristes, tristes les pays du Nord ! ces lieux toujours hantés par la brise, enveloppés d'épais nuages, où les pas trébuchent sans cesse dans un demi-jour qui n'est ni l'ombre ni la lumière et où les yeux ne voient jamais distinctement le but qu'il faut atteindre. Ah ! malheureux pays, malheureux habitants, votre jour n'est pas même la nuit des peuples du Midi, et les trois quarts du temps vous vivez comme des mineurs à la lueur des torches !... La lumière, la lumière ! Qui ne l'aime et ne la cherche ? Fille du feu céleste, elle est aussi nécessaire aux productions du sol qu'à l'humanité. Sans elle la couleur des choses n'existe pas, la forme est invisible. Sans elle tous les êtres languissent et meurent. La lumière est le vêtement essentiel de la beauté. Ce n'est qu'au pays de la lumière que la fleur de l'art s'est épanouie dans toute sa largeur et dans tout son éclat; ce n'est que là, aussi, que la nature morale de l'homme a pu s'élever aux plus hautes conceptions de l'être. O sublime terre du Sud! c'est en voyant ton beau ciel inondé de clarté que je comprends un peu ce que peut être la lumière divine, cette lumière immatérielle, absolument pure, où nage sans cesse la toute-puissance, et dans laquelle nous avons espoir de vivre un jour si notre âme l'a mérité.

Voilà ce que je disais, humble poëte, il y a quelque vingt ans, au bord des flots aimés par Virgile et ce que plus d'un siècle avant moi, un autre poëte au coloris magique avait certainement senti et peut-être dit aussi en peignant sous les brumes du Nord sa splendide vision du *Voyage à Cythère*.

# LES DEUX ESCLAVES DE MICHEL-ANGE.

Il semble que Michel-Ange n'ait jamais pensé qu'à la mort, tant ses compositions sont austères et empreintes de gravité sombre. La sculpture des anciens était généralement la manifestation la plus sublime des forces de la vie. Le corps humain ne sortait guère de l'atelier grec que pour faire briller aux yeux des hommes l'éclat de la jeunesse et de la beauté, que pour répandre dans les âmes la joie et le bonheur. Le grand Florentin, au contraire, n'a tiré du marbre que des pensées sérieuses. Il ressemble en cela aux artistes du moyen âge dont les œuvres inspiraient la tristesse et le détachement des choses du monde. Cependant, Michel-Ange, à notre sens du moins, n'est pas un sculpteur catholique dans la rigoureuse acception du mot. Sa forme ne dérive nullement de celle des Byzantins ; elle n'est point raide, maigre et appauvrie selon l'esprit ardent du christianisme. Les expressions de ses statues n'ont rien de mystique et leurs vêtements ne sont point ajustés dans le goût du cloître, enveloppant et serrant le corps de haut en bas. On ne voit point, dans aucune de ses œuvres, l'esprit ronger la chair. Bien loin de là, le corps humain y déploie tout le luxe de sa forme. La chair et les muscles apparaissent dans leur plénitude.

Michel-Ange, comme l'antiquité, aime le nu et le charnu. La beauté du corps humain l'émeut tant qu'il cherche toujours à le découvrir le plus possible, et cela, non point pour enflammer les sens, mais pour montrer combien l'œuvre de Dieu est belle, combien les proportions en sont justes, les mouvements harmonieux, et pour en rendre hommage au Créateur. De là un art à part et complètement original, une sculpture qui n'est point la païenne avec sa rondeur exquise de formes et ses lignes voluptueuses, ni celle du moyen âge avec ses chairs maladives, son regard ascétique et son immobilité de corps, mais une sculpture pleine de vie, de mouvement et de force mêlés à quelque chose de sévère, de pensif et de solennel.

# FRANÇOIS BOUCHER.

Quel changement dans la peinture française d'un siècle à l'autre! Qui dirait que Poussin et Lesueur, Watteau et Boucher sont des enfants de la même mère! Comme les premiers ressemblent peu aux derniers! Je vois encore assez distinctement la trace originaire de Watteau, mais Boucher me confond dans ses interprétations de la nature. Watteau a passé par la Flandre et par Venise, on le sent à sa forme et à sa couleur; mais Boucher, d'où vient-il? Où trouver son paysage, ses animaux, ses hommes, ses femmes, son coloris et son dessin, si ce n'est dans des décors d'opéra et surtout d'opéra français? Quelle singulière idée que celle de faire des arbres bleus, des maisons bleues, des gazons bleus et, au milieu de cette étrange nature, des bergères en paniers et des bergers en habits de satin! Watteau peint encore des hommes de vieil âge, des femmes de trente ans, Boucher ne va jamais ou presque jamais au delà du printemps de l'âge. Watteau demeure généralement sur la terre, ses héros sont de l'aristocratie de fantaisie, mais de l'aristocratie terrestre : des seigneurs, des financiers, de belles paresseuses ou de fines comédiennes, un choix exquis de la vie mondaine; mais Boucher, lui, ne vit le plus souvent que dans les nues, en compagnie et en contemplation des divinités mythologiques. Ce sont Vénus, Apollon, les Grâces, Diane, l'Amour qu'il aime à représenter; ajoutez-y les nymphes des bois et de la mer et vous aurez le monde où, pendant toute sa vie, s'est complu l'imagination folâtre et finement sensuelle de Boucher. Là, point d'habillement ou quelques légers voiles à peine. Là, sous son pinceau magique, la courbe ondoyante du corps de la femme se déploie dans tous les sens et ne laisse pas un seul de ses trésors se dérober à l'œil curieux de la volupté. Quels contours délicats, quelle grâce serpentine, et, sur toutes ces charmantes formes, quelle blancheur de neige et quel ton de rose à toutes les extrémités ! A voir toutes les déesses de l'aimable peintre on sent bien qu'il ne coule aucun sang matériel dans leurs veines, mais du lait et de l'ambroisie. Comme exemple je citerai la *Diane au bain* du Musée du Louvre. C'est le résumé et l'échantillon le plus complet du talent de ce singulier artiste. Impossible de décrire un pareil tableau, il faut le voir : ce n'est ni grec, ni romain, ni italien, ni flamand, ni espagnol, ni anglais, c'est la vision la plus exquise d'un corps de femme parisienne transporté dans l'Olympe. Quelle perle! David avait bien raison de dire : N'est pas Boucher qui veut.

# LE VASE BORGHÈSE.

Le vase ne pouvait échapper au génie artiste des Grecs. Comme la coupe et l'urne, le vase devait prendre sous leurs mains la grâce et la beauté qu'ils savaient donner à tout ce qu'ils touchaient. Son type originaire est l'œuf ou le calice de la fleur; mais ces deux modèles ont été variés à l'infini et souvent combinés ensemble. L'œuf, par exemple, a été coupé à tous les plans de son diamètre, et le calice de la fleur allongé ou ramassé suivant la fantaisie et le goût des artistes. Les formes du vase furent d'abord très simples. Plus elles se rapprochèrent du type primitif, plus elles eurent d'élégance et de grâce. Bientôt les richesses de l'ornementation s'y fixèrent, et la sculpture et la peinture concoururent à leur embellissement. Toutes les matières, depuis les plus humbles jusqu'aux plus précieuses, furent employées à la composition du vase, l'or, l'argent, le marbre, l'ivoire, le bronze et la terre cuite, la terre cuite surtout. Le vase servit aux usages domestiques et parut dans les fêtes publiques ; il contint des liqueurs, des parfums, des perles et des diamants ; puis il prit un aspect monumental et fut destiné à récréer seulement les yeux, soit sous le péristyle des palais, soit au milieu des plantations verdoyantes et fleuries des parcs et des jardins. Des deux types primitifs, chacun des peuples de l'antiquité sembla adopter plus particulièrement une forme. Les Grecs affectionnaient celle qui dérive de l'œuf, les Romains et les Étrusques celle qui se rapproche de la fleur épanouie.

Le Louvre, dans sa riche collection de terres cuites peintes, possède un exemplaire splendide de ce dernier genre, le vase Borghèse ou dit de Médicis parce qu'il appartint probablement à l'une ou à l'autre de ces familles princières.

C'est un large cratère de marbre blanc à la coque cannelée et sans aucune anse. Du bas de son piédestal à son ouverture il peut avoir une hauteur de trois mètres. Au-dessous de son évasement des rameaux de pampre entremêlés de grappes de raisins le contournent avec élégance. Ils semblent abriter une Bacchanale qui s'agite autour des flancs du cratère. Les pieds des personnages portent sur le renflement du vase, et leurs têtes et leurs corps se détachent du marbre avec un relief extraordinaire. Ici, une jeune fille joue du cistre et une autre des crotales; là, un faune enfle sa double flûte, et son camarade armé du thyrse et plein d'une gaieté vineuse pousse la terre d'un pied joyeux.

Un autre, excité par le jus de la vigne, ou peut-être embrasé des feux de l'amour, saisit par ses voiles une nymphe et veut l'entraîner malgré sa résistance, tandis qu'un peu plus loin, un vieux satyre, Silène peut-être, travaillé par l'ardente liqueur, ne peut déjà plus se tenir, laisse échapper de ses mains sa coupe vide et tomberait s'il n'était retenu par le bras d'un vigoureux jeune homme.

Cependant, au milieu du bruit des voix et des instruments, le dieu du vin, Bacchus lui-même, appuyé d'une main sur un thyrse et de l'autre sur l'épaule d'une belle Muse à la lyre mélodieuse, préside cette fête d'un air tranquille et majestueux. Tous ces corps sont beaux, jeunes et ardents. On y sent la vie déborder à longs flots sous l'impulsion de la boisson divine, mais la présence du dieu même de l'ivresse, calme et serein, en modère l'emportement, et elle semble dire à ceux qui contemplent cette scène bachique : Mortels, usez, mais n'abusez pas.

Oui, c'est probablement là le sens de cette admirable sculpture, et c'est ainsi qu'elle parlait à l'âme des riches patriciens pour qui elle avait été faite ; mais pour nous, hommes d'un autre âge, cette merveille du ciseau grec nous dit quelque chose de plus encore. Elle nous rappelle les beaux vers d'un jeune poëte anglais enlevé aux lettres par une mort prématurée, Keats, l'auteur d'*Endymion*, et dans lesquels, à la vue d'une urne antique, ouvrage à peu près semblable et d'une aussi grande perfection, il s'écriait :

. . . . . . . . . . . . . . . . .

Quels sont ces hommes ou ces dieux ! Quelle lutte de jeunes
[filles,
Quelle folle poursuite, quels efforts pour échapper,
Quel concert de flûtes et de tambours, quelle extravagante
[extase !

. . . . . . . . . . . . . . . . .

Douces sont les mélodies entendues, mais douces encore
Celles qui ne les ont pas. — C'est pourquoi, flûtes, jouez
[toujours
Non pour l'oreille sensuelle, mais ce qui est plus précieux,
Jouez pour l'esprit vos muettes chansons.
Beau jeune homme, tu ne peux, sous ces rameaux finir
Ton chant, ni ces branches ne peuvent perdre leurs feuilles.
Amant hardi, jamais tu ne pourras embrasser ton amante,
Quoique touchant au but. N'en sois pas affligé !
Elle ne se flétrira pas; quoique tu n'aies pas eu ton bonheur,
Toujours tu aimeras, toujours elle sera belle.

. . . . . . . . . . . . . . . . .

O forme attique ! O belle chose avec entourage
D'hommes et de jeunes filles de marbre bien travaillés !
Forme silencieuse, tu tourmentes notre pensée
Comme l'éternité ! Pastorale de pierre froide,
Quand l'âge aura détruit la génération présente,

Tu demeureras au milieu d'autres infortunes que les nôtres,
Mais tu demeureras en amie des humains et pour leur
[dire :
*Le beau est le vrai, le vrai est le beau.* — C'est tout ce que
Vous connaissez sur terre et ce que vous avez besoin de
[connaître.

## UNE COLONNE.

J'aime à contempler dans la cour de l'École ce beau fût de porphyre avec son chapiteau corinthien et la jolie statue de bronze qu'il supporte, et je me demande pourquoi il n'en existe pas un plus grand nombre dans nos jardins et nos places publiques. Certainement une des plus nobles inventions de l'architecture est celle de la colonne. Prise dans l'ordre naturel, imitée de l'arbre et fleurie comme lui par la tête, elle fut dans la main des Grecs quelque chose d'idéal qui ravissait l'œil et l'enchantait. Réunies en groupe pour soutenir le fronton d'un portique ou courant en file autour d'un temple, les colonnes nous semblent de belles jeunes filles se tenant par la main et que le soleil colore et anime. Détachée, la colonne devient à elle seule un monument, comme celle qui fut érigée à Rome à la gloire de Trajan. On voit des aigles s'envoler des quatre coins de son piédestal, et, autour de son fût, des bataillons de guerriers vaincre et mourir sous l'œil triomphant du héros qui les domine. Même quand elle est privée par le temps de ses ornements de sculpture, même réduite à l'élégante simplicité de ses lignes, comme la colonne dite colonne de Phocas au milieu de l'ancien forum, elle vous charme et vous émeut encore. Cette belle tige de marbre, avec son chapiteau de feuilles d'acanthe, est pour vous le symbole d'une existence droite et pure qui s'élève vers le ciel, le front couronné des palmes de la vertu. Un poète allemand a défini le beau en ces termes : la présence de l'infini dans le fini. La colonne ne les comprend-t-elle pas aussi en elle, ne se compose-t-elle pas du cercle et de la ligne verticale ?

# A PROPOS DE L'ANTIOPE
## ET DU MARIAGE MYSTIQUE DE SAINTE CATHERINE

---

Quel enchanteur que ce Corrège ! Quel phénomène dans l'art ! Il n'est ni byzantin ni antique. On ne sait d'où il sort ni de qui il tient. C'est un produit *sui generis*, un fruit naturel et original. Forme et couleur, tout lui appartient ; il ne prend rien à personne. Peut-être est-il un des maîtres les plus subjectifs de l'art italien ! Des lignes courbes et du clair-obscur, voilà Corrège, a-t-on dit. Cela est vrai matériellement, mais, outre ces qualités de forme, il possède une grande délicatesse d'âme et une vie extraordinaire. La ligne de Raphaël est plus sévère, sa beauté plus simple, plus noble et son expression plus profonde, mais peut-être n'est-il pas aussi tendre. Corrège a quelque chose d'onctueux et de pénétrant comme l'huile de rose. Quel que soit le sujet qu'il traite, il n'est jamais attristant. Chez lui, la puissance, lorsqu'elle éclate, comme dans les grandes fresques catholiques de Parme, est toujours éminemment douce. Les femmes et les enfants sont ses personnages de prédilection ; toutes ses toiles en sont remplies. Lorsqu'il traite des sujets chrétiens, ce sont presque toujours ceux qui ont rapport à la Vierge et au divin bambino. Point de martyrs aux plaies sanglantes, point d'austérités cruelles. Ses moines portent sur leur visage un air de tendresse mystique qui rappelle les enivrantes extases de sainte Thérèse. Peint-il la Magdeleine dans le désert, elle y apparaît au début de sa pénitence et encore avec tous les charmes de la jeunesse et de la beauté. On dira peut-être que c'est par sensualisme qu'il rend ainsi les légendes chrétiennes ; nous dirons, nous, que c'est surtout par un invincible penchant à la douceur.

Dans ses compositions mythologiques, même charme et même sentiment. Là, comme il peut rejeter les voiles qui couvrent les corps, il déploie avec ardeur la suavité de leurs contours. Sous ses mains toutes les gracieuses imaginations de l'antiquité prennent une grâce nouvelle. Ce n'est plus Marie et le petit Jésus, mais c'est toujours une mère et son enfant, Vénus et l'Amour. Toujours plus de femmes que d'hommes, toujours ce qu'il y a de plus doux dans les apparences du monde, la forme féminine et l'enjouement de l'enfance. Comme alors son coloris est en parfaite harmonie avec son dessin, comme la lumière fine et légère qui découle de son pinceau donne aux beaux corps de ses déesses une transparence et une blancheur célestes ! Voici Vénus qui joue avec son fils et qui balance au-dessus de sa tête l'arc terrible aux humains et aux dieux mêmes ; puis Jupiter qui, sous la forme et les traits d'un jeune Satyre, contemple les charmes de la belle Antiope endormie à l'ombre des bois ; puis Léda, folâtrant avec ses compagnes dans les ondes de l'Eurotas ; puis Danaë, puis vingt autres compositions qui sont des chefs-d'œuvre de dessin, de couleur et de poésie. Et cependant qui se douterait que le possesseur d'une palette si riche, l'inventeur fécond de tant de sujets riants, a passé sa vie au sein de la gêne et des soucis de la famille ? Tandis que Raphaël vivait comme un prince, au dire de Vasari, et que Michel-Ange était l'hôte et l'ami des Médicis et des Jules, et que ces deux artistes remplissaient l'Italie et l'Europe du bruit de leur nom, Antonio Allegri, retiré modestement au fond du Modenais, connu seulement de quelques amateurs et des chanoines de Parme, soutenait maigrement de son labeur une nombreuse famille. Ce grand peintre ignorait peut-être toute la valeur de son talent puisqu'il livrait ses meilleurs ouvrages à des prix très modérés. Peut-être aussi que, tout en ayant conscience de son mérite, il subissait l'incertitude du goût relativement à sa manière, qui était nouvelle et en dehors des admirations convenues. Quoi qu'il en soit, si l'art lui fut un gagne-pain médiocre, il dut lui être une consolation divine. Plus d'une fois les charmantes visions de son cerveau durent l'enlever aux inquiétudes d'un ménage pauvre et aux tristes réalités d'une existence sédentaire et peu glorifiée.

Le Titien vit un empereur s'incliner pour ramasser le pinceau échappé de ses mains, mais le Corrège eut mieux que les complaisances d'un monarque : il fut constamment visité par les Grâces.

# DEVANT LE MASQUE DE JUPITER.

Je conçois bien l'enthousiasme de Gœthe pour la tête du roi de l'Olympe, lorsqu'on pénètre comme lui dans le sentiment des beautés antiques. Voici un de ces magnifiques masques qui représentent le père des Dieux et des hommes, et je ne puis me lasser de l'admirer. Ce n'est sans doute qu'une copie de la création de Phidias, mais le type en doit être assez fidèlement conservé. Il est impossible de mieux traduire la pensée d'Homère et d'exprimer par les lignes du visage de l'homme la puissance et la grandeur attribuées à l'être divin. Ce large front, si protubérant par le milieu et au-dessus des deux arcades sourcilières, n'est-il pas le réservoir profond de l'intelligence? Ce nez large, tombant droit et ferme sur les lèvres, n'est-ce pas la marque d'une volonté inébranlable et pleine de rectitude? Cette bouche aux lèvres épaisses et bien modelées, et sur lesquelles voltige un imperceptible sourire, n'offre-t-elle pas le symbole de l'amour et de la bienveillance? Enfin, cette barbe touffue et cette chevelure opulente qui s'élève sur le front et encadre la figure de ses nombreux anneaux comme de rayons fulgurants n'indiquent-elles pas l'abondance d'une force inépuisable? Tout ce masque est empreint d'une telle majesté, d'un calme si sublime, que l'on irait presque à fléchir le genou devant lui. Oui, autant qu'il a été donné à l'homme de la reproduire plastiquement, c'est bien là l'image de celui qu'Aristote, dans sa magnificence d'expression, appelait le vivant Éternel.

## L'IDYLLE DE GIORGIONE.

C'est une belle chose que ce paysage de Giorgione placé au coin de la grande salle. La force de son coloris et la fantaisie de sa composition m'arrêtent toujours. Dans une vaste campagne dont le fond est coupé d'épais ombrages qui laissent entrevoir les lignes bleuâtres d'un horizon lointain, deux jeunes gens à chevelure abondante et à teint basané, portant toque rouge et pourpoint de couleur vive, goûtent le plaisir de la campagne en compagnie de deux nymphes.

L'un d'eux, assis sur l'herbe, pince les cordes d'une guitare; l'autre, également assis, penche la tête de son côté et l'écoute, ainsi que l'une des deux nymphes qui tient à la main une flûte champêtre. On dirait qu'elle vient de l'ôter de sa bouche pour laisser au jeune homme le moyen de se faire entendre à son tour. Tandis que l'instrument résonne et que les notes s'envolent vers les cieux, la seconde jeune fille, debout et n'ayant qu'un voile qui glisse le long de ses seins, laisse négligemment tomber dans la cuve d'une fontaine l'eau contenue au fond d'une fiole de cristal.

Ces deux beaux corps de nymphes entièrement nus, à côté de ces deux jouvenceaux vêtus d'un costume moderne, forment le plus charmant contraste.

Pour peindre une idylle semblable il fallait avoir l'imagination d'un Italien du xvi° siècle, sa fantaisie poétique et son amour des belles formes.

Je ne sais pas si Giorgione, en faisant ce tableau, a voulu faire autre chose que peindre une belle nature avec de beaux corps humains, donner à son ardent pinceau l'occasion de se jouer à la fois sur la verdure, le ciel, les riches étoffes et la chair des femmes; il est fort probable qu'il n'a pas cherché davantage. Cependant, j'y vois mieux que cela ; j'y vois comme une allégorie charmante et un enseignement artistique, la pensée de l'idéal dans la nature. Otez ces deux beaux corps de femmes et vous n'avez qu'un paysage d'une admirable couleur, il est vrai, mais sans poésie, une scène naturelle mais commune. Avec eux, quelque chose de plus pur, de plus doux et de plus divin s'y fait sentir. La muse est là qui rêve, qui ennoblit. Qu'est-ce autre chose que l'art, dit Bossuet, si ce n'est l'embellissement de la nature ?

# TABLE DES MATIÈRES

## TABLETTES D'UMBRANO

|  | Pages. |
|---|---|
| Préface | I |
| Les premières étapes | 1 |
| Les plaintes de Valmiki | 3 |
| Hymne à Néphélé | 7 |
| Lever de soleil | 9 |
| Coucher de soleil | 11 |
| L'amazone | 14 |
| L'esclave | 18 |
| L'aveugle du Colysée | 21 |
| Un souper de Caligula | 26 |
| Après la bataille | 29 |
| Un mot de l'énigme | 32 |
| La danse interrompue | 34 |

|  | Pages. |
|---|---|
| L'aigle et la jeune fille (légende antique) | 38 |
| Une scène au bord de l'Océan | 42 |
| Leçon du sort | 45 |
| Un brave homme | 47 |
| Michel Lascari | 52 |
| Les caveaux d'Upsal | 57 |
| Le remords du soldat | 59 |
| Le bouquet de fleurs | 64 |
| Les émigrants | 66 |
| La douleur de Gros-Jean | 71 |
| Les deux travailleurs | 72 |
| L'arbre solitaire | 76 |
| Le songe d'Hermine | 78 |
| Jonathan | 88 |
| Adam Lux | 91 |
| Desperata | 95 |
| Une barque de naufragés | 99 |
| Promenade d'automne | 105 |
| L'île des caïmans | 106 |
| Les bulles d'eau | 110 |
| Le soupir du riche | 113 |
| Les deux voix | 117 |
| Le porche de Notre-Dame de Paris | 119 |
| L'herbe d'or | 122 |
| La pierre gravée | 128 |
| Un tableau de Titien | 130 |
| Évocation | 134 |
| Le page d'Alexandre le grand | 136 |
| Le pont de Boussay | 139 |
| Sur l'Érié | 142 |
| La fontaine de Bimini | 145 |
| L'ascension de Nimroud (légende orientale) | 149 |
| Le miracle des roses (légende chrétienne) | 152 |
| Le sommeil de l'enfant | 159 |
| La plante souterraine | 160 |
| Le tombeau d'un sage | 162 |
| Au harem | 164 |
| Los adios | 168 |

# PROMENADES AU LOUVRE

|  | Pages. |
|---|---|
| Le mendiant de Murillo | 177 |
| Devant la Jardinière | 181 |
| Claude Gelée et Nicolas Poussin | 185 |
| La vierge d'Andréa Solari | 192 |
| Léonard de Vinci | 194 |
| L'intérieur de Saint-Pierre | 198 |
| L'Apollon du Belvédère | 202 |
| Salle des cariatides | 204 |
| L'Androgyne | 205 |
| Devant l'Antinoüs | 207 |
| La danse des Muses | 209 |
| Un tableau de fra Angelo de Fiesole | 214 |
| René Descartes | 218 |
| Léopold Robert | 228 |
| Herrera le Vieux | 229 |
| La bataille de Salvator | 233 |
| La Galathée de Raphaël | 237 |
| L'Achille | 241 |
| Le Jugement dernier de Michel-Ange | 243 |
| Paul Potter | 251 |
| Le Laocoon | 255 |
| Les frères Lenain | 258 |
| Devant les Niobides | 263 |
| Raphaël sculpteur | 267 |
| Le voyage à l'île de Cythère | 269 |
| Les deux esclaves de Michel-Ange | 270 |
| François Boucher | 274 |

|  | Pages. |
|---|---|
| Le vase Borghèse. | 279 |
| Une colonne | 284 |
| A propos de l'Antiope et du mariage mystique de sainte Catherine. | 286 |
| Devant le masque de Jupiter. | 290 |
| L'idylle de Giorgione | 292 |

www.ingramcontent.com/pod-product-compliance
Lightning Source LLC
Chambersburg PA
CBHW071129160426
43196CB00011B/1843